AF751109

Les Publications de l'Université Euromed de Fès

FUSION
DES HORIZONS

Abdessamad Rhalimi

Les méandres des carrières des femmes cadres au Maroc

Entre plafond de verre, plancher collant et stratégies d'adaptation

L'Harmattan

UNCAC
كرسي الأمم المتحدة لتحالف الحضارات
THE UNITED NATIONS CHAIR FOR THE ALLIANCE OF CIVILIZATIONS
LA CHAIRE DES NATIONS UNIES POUR L'ALLIANCE DES CIVILISATIONS

UEMF
الجامعة الأورومتوسطية بفاس
EUROMED UNIVERSITY OF FES
UNIVERSITÉ EUROMED DE FÈS

© 2026, L'Harmattan
5-7, rue de l'École-Polytechnique – 75005 Paris
www.editions-harmattan.fr
ISBN : 978-2-336-60798-6
EAN : 9782336607986
Dépôt légal : mars 2026

INTRODUCTION GÉNÉRALE

Historiquement, la division sexuée du travail s'est construite autour d'un dogme central selon lequel seul le travail de l'homme serait productif et mériterait d'être rémunéré, tandis que celui de la femme serait considéré comme improductif et facultatif. Cette prééminence du travail masculin reposait sur l'idée que la femme devait se consacrer en priorité aux enfants et au foyer, alors que l'homme avait la responsabilité de subvenir aux besoins matériels de la famille. Cette distinction entre le travail des hommes (production-création) et le travail des femmes (reproduction-procréation) s'atténuera progressivement avec l'entrée massive des femmes sur le marché du travail, rendant floues les frontières entre leurs responsabilités familiales et professionnelles.

Depuis un peu plus d'un demi-siècle, les femmes n'ont cessé d'investir le marché du travail, partout dans le monde et dans tous les secteurs d'activité. Bien évidemment, cette féminisation généralisée du travail n'a d'abord pas concerné les postes de cadres, où la présence des femmes était presque invisible jusqu'à la fin des années 1970. Cette tendance commencera à s'inverser dans les pays occidentaux à partir des années 1980, avec une croissance notable du nombre de femmes cadres, un phénomène largement imputé à l'augmentation de leur présence parmi les diplômés de l'enseignement supérieur.

Néanmoins, en dépit de cette entrée massive des femmes dans le monde de l'entreprise, il n'en demeure pas moins que leur présence aux niveaux hiérarchiques les plus élevés des organisations reste « *comme l'oxygène : plus on monte, moins il y en a* ». Ce constant, largement illustré dans la littérature scientifique par la métaphore du « plafond de verre », s'explique par des inégalités entre les hommes et les femmes qui s'accentuent à mesure que l'on progresse vers les postes de direction.

Le « plafond de verre » renvoie à un ensemble de facteurs aussi nombreux qu'hétérogènes, qui expliquent les barrières visibles et invisibles entravant la progression des femmes vers les postes de management et d'encadrement. Parmi ces obstacles figurent les stéréotypes liés aux rôles sociaux, les stéréotypes portant sur leurs qualifications et leurs aptitudes, ainsi que leur accès limité aux réseaux informels et cercles d'influence.

Ces différences ont conduit les chercheurs à éclairer les éléments de divergence entre les hommes et les femmes en matière de carrière, notamment à travers le développement de théories de carrière spécifiques aux femmes. Dans un premier temps, les travaux ont mis en évidence les dissimilitudes entre les trajectoires professionnelles de hommes et celles des femmes, en s'intéressant davantage à la moindre réussite objective des carrières féminines, sans toutefois expliquer les causes de ce différentiel. Ce n'est qu'ultérieurement que les chercheurs se sont tournés vers une approche subjective de la réussite de carrière. Dans les deux approches, la question de l'articulation entre vie familiale et vie professionnelle apparaît comme un enjeu central pour les femmes et conditionne à la fois leur travail et le déroulement de leurs carrières.

Par ailleurs, les recherches sur les inégalités entre les sexes dans le milieu professionnel ont permis d'engager une véritable réflexion sur les carrières féminines et d'identifier les nombreux obstacles auxquels les femmes sont confrontées qui les empêchent d'accéder, au même titre que leurs homologues masculins, aux postes d'encadrement et de direction. Néanmoins, au-delà des obstacles communs à l'ensemble des femmes, indépendamment de leur secteur d'activité ou leur pays, il existe des spécificités locales propres à chaque contexte national, ce qui produit une diversité d'expériences des femmes dans le monde.

Au Maroc, à l'instar des autres pays, la féminisation de la population active constitue un phénomène incontestable. Bien que la participation des femmes dans la vie active reste encore inférieure à celle des hommes, les statistiques font état d'une évolution significative. Les changements sociodémographiques et les mutations économiques que connait le pays depuis le début des années 2000 ont en effet conduit à l'ouverture du marché du travail à la main d'œuvre féminine et ont contribué, *de facto*, à une évolution inéluctable des mentalités. Cette évolution s'est traduite par une réduction progressive des frontières entre les deux sphères publique (professionnelle) et privée (familiale). Selon Alami-M'chichi (2002), les comportements des femmes, et les comportements à l'égard des femmes ont connu des transformations importantes, la société est désormais moins rétive à leur présence dans l'espace public.

Le dehors n'est plus fermé aux femmes. Celles-ci sont de plus en plus émancipées et jouissent désormais d'une visibilité notable dans tous les domaines publics (politique, économique, social et culturel). Elles occupent désormais des postes variés : ministres, ambassadrices, pilotes, ingénieures, architectes, médecins, professeures, cheffes d'entreprises, etc. Elles se sont même engagées dans le champ religieux, traditionnellement considéré comme exclusivement masculin.

Ainsi, les femmes s'efforcent de se créer une véritable place dans la société marocaine moderne. Leur rôle ne se limite plus à l'enfantement et à l'éducation des enfants, mais s'étend de plus en plus à l'exercice d'une activité économique rémunérée. Les tabous liés à leur participation à certaines professions deviennent désuets, et la contribution des deux membres du couple au revenu du ménage devient essentielle, favorisant l'affirmation du travail féminin.

Cependant, il convient de nuancer ces avancées, car le constat demeure mitigé. Bien que la bien que la visibilité des Marocaines sur le marché du travail soit indéniable et que le taux de féminisation des emplois des cadres moyens et supérieurs ait augmenté au cours des vingt dernières années, cette progression reste limitée. Ainsi, dans une société profondément tiraillée entre legs historiques, doctrines religieuses et exigences des nouvelles données socioéconomiques et culturelles, les femmes demeurent frotement sous-représentées dans les postes décisionnels et les hautes sphères des entreprises.

Force est de constater que le sexe est encore un déterminant significatif de la position professionnelle, et que des écarts sont toujours observables entre hommes et femmes. Ces différences se manifestent tant lors de l'insertion professionnelle que de la promotion, de la rémunération, de l'accès à la formation continue, etc. Ces écarts sont encore plus flagrants pour les postes d'encadrement et de direction, où la présence féminine reste minoritaire et souvent limitée à certains secteurs d'activités et certaines fonctions.

Ces inégalités semblent résulter de facteurs de blocage et de discrimination, qui se révèlent plutôt dans les faits que dans le droit lui-même. Il s'agit notamment de pratiques discriminatoires des organisations et du poids d'une société « traditionnelle » et « patriarcale », qui continuent à peser lourd sur la situation professionnelle des femmes marocaines.

Pour comprendre les mécanismes et les déterminants de ces blocages, Mejjati-Alami (2006) préconise de prendre en compte à la fois la conception sociale et la réalité de la place qu'occupent les femmes dans la société marocaine. Pour notre part, nous estimons que la prise en compte de l'environnement social dans lequel évolue la femme marocaine constitue une condition sine qua non pour appréhender sa situation professionnelle, des conditions de sa participation à la vie active et des obstacles qui sont à même de ralentir, voire de freiner, l'évolution de sa carrière.

Toutefois, malgré l'engouement que suscite le débat sur l'égalité hommes-femmes au Maroc, les travaux de recherche portant sur les carrières des femmes cadres et la question du « plafond de verre » constituent encore un angle mort de la recherche sur l'égalité professionnelle. Cette lacune nous a conduits à explorer les trajectoires professionnelles des femmes cadres ainsi que les déterminants du plafonnement de leur carrière, à travers une enquête menée auprès de 33 femmes cadres issues de différents secteurs d'activité. Pour ce faire, nous avons eu recours à des entretiens semi-directifs, qui nous ont permis de recueillir des représentations profondément ancrées dans l'esprit des femmes que nous avons rencontrées. La plupart d'entre elles occupent des postes de cadre moyen ou supérieur et encadrent une équipe. Notre investigation repose ainsi sur une étude qualitative, offrant une plongée dans l'univers du contexte marocain et des problématiques liées à la gestion des carrières des femmes.

Ce travail contribue à la compréhension du contexte socio-économique de la femme marocaine et des possibles trajectoires de carrière en mettant en évidence l'existence du « plafond de verre ». Il met en lumière les obstacles qui freinent l'accès des femmes cadres aux postes les plus élevés dans les organisations et discute les résultats de la recherche à trois niveaux : la dimension genre (les facteurs liés aux normes sociales, aux stéréotypes et aux représentations liées au sexe qui influencent les carrières des femmes), la dimension organisationnelle (les pratiques, politiques et structures internes aux entreprises qui peuvent favoriser ou freiner l'avancement des femmes) et la dimension système (le cadre légal, institutionnel et socio-économique qui structure l'environnement professionnel et les opportunités des femmes cadres).

Notre ouvrage sera structuré en deux parties. La première présentera les principes de base et les notions essentielles liées aux obstacles à l'avancement professionnel des femmes, tout en offrant un panorama de la situation de la femme marocaine. Le premier chapitre sera ainsi consacré à l'étude du phénomène du « plafond de verre », en mettant en évidence les différents freins qui limitent l'accès des femmes cadres aux postes les plus élevés dans les organisations.

Le second chapitre dressera un état des lieux de la situation socioéconomique des femmes marocaines. Il analysera l'évolution de leur situation en matière d'emploi, de chômage et d'éducation, et recensera, à partir de quelques études et rapports réalisés au Maroc, les principales difficultés rencontrées par les femmes dans le monde du travail.

La deuxième partie, quant à elle, sera consacrée à la présentation, à l'analyse et à la discussion des résultats de notre étude. Elle aura pour objectif de mieux comprendre le phénomène du « plafond de verre » dans le contexte marocain, ainsi que les facteurs influençant la progression des femmes dans les hiérarchies professionnelles.

Ainsi, le chapitre trois abordera la perception que les femmes ont de la place qu'elles occupent dans la société marocaine. Le chapitre quatre examinera les difficultés rencontrées par les femmes pour concilier vie familiale et vie professionnelle, ainsi que les attitudes et stratégies qu'elles mettent en œuvre pour y parvenir. Enfin, le chapitre cinq analysera la situation des femmes cadres dans le milieu professionnel, en mettant en lumière les défis et obstacles qu'elles doivent surmonter pour réussir.

Partie 1 : Femmes cadres au Maroc : fondements du plafond de verre et analyse du terrain

La première partie de cet ouvrage vise à fournir un cadre analytique et contextuel permettant de mieux comprendre la situation des femmes marocaines dans le monde professionnel et les obstacles qui entravent leur progression hiérarchique. Elle se compose de deux chapitres complémentaires : le premier s'intéresse au phénomène du « plafond de verre », tandis que le second propose un panorama détaillé de la condition socioéconomique des femmes au Maroc.

Le chapitre un explore les fondements du plafond de verre, en présentant les concepts clés et les mécanismes qui limitent l'accès des femmes aux postes de management et d'encadrement. Il examine les barrières à la fois visibles et invisibles, en mettant l'accent sur le poids des stéréotypes de genre, l'hégémonie masculine dans les sphères de pouvoir, ainsi que le conflit entre vie professionnelle et vie familiale. Cette approche permet de mieux saisir la complexité des freins structurels et culturels qui influencent les trajectoires professionnelles des femmes cadres.

Le chapitre deux, quant à lui, dresse un état des lieux de la situation socioéconomique des femmes marocaines. Il analyse leur participation au marché du travail, l'accès à l'éducation, la ségrégation professionnelle ainsi que les discriminations et obstacles spécifiques qui freinent leur insertion et leur avancement. Cette mise en contexte socioéconomique offre un éclairage indispensable pour comprendre l'environnement dans lequel s'insèrent les mécanismes du plafond de verre et pour évaluer l'impact des inégalités structurelles sur les carrières féminines.

Ainsi, cette première partie combine une revue approfondie des mécanismes de discrimination professionnelle avec une analyse concrète de la réalité socioéconomique des femmes au Maroc, posant les bases nécessaires à l'étude des trajectoires et des obstacles rencontrés par les femmes cadres dans le pays.

Chapitre 1. COMPRENDRE LE PLAFOND DE VERRE : CONCEPTS, MECANISMES ET DYNAMIQUES

1.1 Du concept de plafond de verre à ses déclinaisons métaphoriques

L'expression du « plafond de verre », ou « *glass ceiling* » en anglais, fut évoquée pour la première fois en 1984 aux États-Unis par Gay Bryant[1], puis fut popularisée à partir de 1986 par deux journalistes (Carol Hymowitz et Timothy Schellhardt) dans un article publié dans le *Wall Street Journal* qui s'intéressait à la carrière des femmes et des minorités et aux différentes formes de discrimination professionnelle dont elles sont victimes. Les deux journalistes ont donc utilisé cette métaphore pour désigner l'ensemble des obstacles et des barrières subjectives rencontrés par les femmes et les minorités dans leur parcours professionnel au sein des organisations, les empêchant d'accéder aux postes d'encadrement et de direction.

Bien que l'expression « plafond de verre » n'explique pas le phénomène, elle a tout de même le mérite de donner une image fort parlante de l'évolution plafonnée des carrières des femmes et des groupes minoritaires comparée à celle des hommes, et ce quel que soit le niveau de leurs compétences, expériences et performances. un plafond qui ouvre la perspective en laissant passer le regard tout en bloquant les mouvements des personnes qui ne sont pas de sexe masculin et de race blanche (Sanchez-Mazas & Casini, 2005). Comme si les sphères les plus élevées des organisations étaient l'apanage des « hommes blancs », qui disposeraient de fait d'un statut supérieur, ce qui expliquerait la faible reconnaissance de la compétence des autres.

---

[1]Gay Bryant, éditrice du « working women magazine », utilisa l'expression de « glass ceiling » pour la première fois en 1984 dans une interview accordée au magazine adweek, puis la même année dans son livre « the working women report : succeeding in business in the 80s ». Par ailleurs, on remonte l'origine de l'expression du « *plafond de verre* » aux années 1970 dans les rapports du BIT, sans donner plus de précisions. D'ailleurs, Bryant reconnait qu'elle ignorait si elle avait entendu cette expression de l'une de ses interviewées lors des entretiens réalisés pour une enquête précédente.

L'expression fut d'abord adoptée par les journalistes, les associations et les militantes féministes pour faire pression sur les pouvoirs publics, avant que les politiciens ne s'emparent de la question. C'est ainsi que plusieurs dispositifs juridiques et législatifs ont vu le jour aux États-Unis d'abord, et en Europe ensuite, à partir de la fin des années 1990. L'objectif était, de supprimer toutes les formes de discrimination qui bloquent le passage des individus à cause de leur genre, de leur origine ethnique, de leur appartenance religieuse, ou encore de leur orientation sexuelle.

Dans la foulée, le milieu académique, et en particulier les sociologues, s'est intéressé à cette notion pour étudier en profondeur un phénomène plus complexe qu'il n'y paraît. Depuis un peu plus de trois décennies, les travaux scientifiques sur la question se sont multipliés. Plusieurs publications ont proposé des définitions complémentaires, précisant à la fois les critères qui distinguent le plafond de verre des autres formes de discrimination et les facteurs contribuant à son établissement.

1.1.1 Définition et critères du plafond de verre

La littérature académique relative au plafond de verre ne manque pas de définitions différentes et complémentaires, se recoupant à bien des égards, dans le but de décrire un phénomène aussi opaque que complexe. La quasi-totalité des définitions soulignent l'existence de barrières invisibles - d'où l'expression du « plafond de verre » - et infondées qui empêchent les femmes et les groupes minoritaires d'avancer vers les sommets des organisations.

Le BIT définit le plafond de verre comme étant des « *barrières invisibles, artificielles, créées par des préjugés comportementaux et organisationnels, qui empêchent les femmes d'accéder aux plus hautes responsabilités… Le terme plafond de verre illustre bien le constat que, lorsqu'il n'existe aucune raison objective pour que les femmes ne s'élèvent pas, comme le font les hommes, jusqu'aux plus hautes fonctions, c'est une discrimination inhérente aux structures et aux dispositifs organisationnels des entreprises – ainsi qu'à la société - qui intervient* ».

Dans cette définition, assez détaillée, le BIT évoque un ensemble de facteurs mêlant stéréotypes sociétaux, comportements individuels et structures organisationnelles qui s'articulent et se renforcent mutuellement, construisant un ensemble de barrières empêchant les femmes d'accéder au sommet des hiérarchies professionnelles.

De cette définition, il est possible de dégager des éléments inhérents au plafond de verre :

- Il s'agit d'un phénomène typique au genre (BIT, 1997; Cotter et al., 2001), et qui empêche les femmes, par des mécanismes discriminatoires, d'accéder aux plus hautes responsabilités ;
- Il se manifeste essentiellement au sommet des organisations, constituant une ségrégation verticale dont l'effet se renforce à mesure que l'on s'élève dans la hiérarchie.
- Il repose sur des arguments infondés, d'ordre organisationnel, individuel (comportements) et sociétal (préjugés), qui légitiment la discrimination à l'encontre des femmes.

Ainsi, il ressort que le « plafond de verre » résulte d'un ensemble de facteurs hétérogènes. D'un côté, des processus organisationnels qui reconduisent les rôles sociaux assignés aux femmes et les cantonnent à des postes de moindre responsabilité ; de l'autre, des représentations sociétales stéréotypées, ainsi que des caractéristiques et comportements individuels (situation familiale, nombre d'enfants, âge, ambitions professionnelles, etc.). Autant de mécanismes qui, combinés, entravent la progression des femmes vers les plus hauts niveaux de la hiérarchie organisationnelle.

Nous retrouvons dans la littérature relative à la carrière des femmes et aux discriminations à leur endroit plusieurs variantes de la métaphore du plafond de verre, rivalisant les unes avec les autres pour décrire le poids et l'opacité du plafond qui pèse sur l'évolution de carrière des femmes. On parle désormais du « *plafond de fer* » (Fassa & Kradolfer, 2010), du *ciel de plomb* (Cappellin, 2010; Descamps, 2013; Marry, 2004; Schweitzer, 2009), du « *plafond de béton armé* » (Alimo-Metcalfe, 2007), ou encore des « *palmes de verre du cocotier* » (Pigeyre & Valette, 2004), et de « *plafond à caissons* » (Backouche et al., 2009). D'autres chercheurs s'inspirent du domaine de l'informatique et proposent la métaphore du *firewall* ou *pare-feu* (Bendl & Schmidt, 2010).

Or, quels que soient les termes employés ou la métaphore proposée pour décrire le phénomène, il n'en reste pas moins que le plafond de verre est une forme de discrimination singulière. Il renvoie à l'obstruction de la mobilité ascendante des femmes et, parfois, d'autres groupes minoritaires, les empêchant d'accéder aux postes d'encadrement et de direction.

Par ailleurs, plusieurs chercheurs ont souligné le manque de cohérence dans la manière de définir le plafond de verre, d'en identifier les effets et de le distinguer des autres formes de discrimination (Cotter et al., 2001 ; Jackson & O'Callaghan, 2009 ; Zeng, 2011). À cet égard, l'étude de Cotter et al. (2001) constitue l'une des rares contributions qui détaille clairement les spécificités des mécanismes discriminatoires décrits par la métaphore du plafond de verre, en les distinguant d'autres phénomènes et en reconnaissant explicitement son caractère genré.

Leurs résultats, issus de données de panel, montrent en effet que les femmes subissent bel et bien les effets d'un plafond de verre. En revanche, si les groupes minoritaires connaissent également des formes de discrimination, les inégalités observées à leur encontre ne relèvent pas, selon les auteurs, d'un véritable effet de plafond de verre.

En outre, les quatre chercheurs se sont intéressés à la spécificité du concept de plafond de verre et à ce qui le distingue des autres formes de discrimination et d'inégalité. Ils ont déterminé, à partir d'une revue de littérature, quatre critères spécifiques qui doivent être réunis pour pouvoir définir une quelconque forme de discrimination comme un effet de plafond de verre.

- *Premier critère* : Il renvoie à l'existence d'un écart résiduel lié au genre, qui ne peut être expliqué par aucune caractéristique observable du ou de la salariée telles que l'expérience, les compétences, le niveau d'études, la formation ou encore la motivation. Cet écart suggère donc une discrimination sur le marché du travail, plutôt qu'une simple inégalité issue de différences de parcours individuels.

- *Deuxième critère* : Il postule que les obstacles à la progression professionnelle deviennent plus marqués à mesure que l'on gravit les échelons. Autrement dit, la probabilité d'une discrimination genrée augmente lorsqu'on se rapproche des plus hauts niveaux hiérarchiques.
- *Troisième critère* : Il concerne la méthodologie d'analyse du phénomène. Les auteurs préconisent une approche diachronique, centrée sur l'étude des trajectoires de carrière, du rythme des promotions et de l'accès aux postes de direction, plutôt qu'une analyse statique du nombre de femmes à un niveau donné. Cette approche permet d'éviter deux biais associés aux positions hiérarchiques : les femmes acceptent de commencer à des niveaux hiérarchiques plus bas par rapport aux hommes, et quittent l'entreprise plus tôt que les hommes pour des raisons personnelles (famille par exemple) et/ou professionnelles (absence de possibilités d'avancement).
- Quatrième critère : Il renvoie à l'idée que les inégalités de genre se renforcent avec l'avancée de la carrière. La notion même de « plafond de verre » implique que des promotions ont pu avoir lieu dans les premiers temps, mais que la discrimination s'intensifie à mesure que l'on progresse, jusqu'à constituer un verrou empêchant l'accès aux positions les plus élevées.

Dans le prolongement du travail de recherche de Cotter et ses collègues (2001), l'étude de Maume (2004), réalisée sur une série chronologique, appuie l'existence et le bien-fondé de ces quatre critères qui permettent de distinguer les effets d'un plafond de verre des autres formes de discriminations auxquelles sont confrontées les femmes cadres. Cependant, ces quatre critères ne font pas l'unanimité auprès de la communauté des chercheurs.

Dans ce sens, certains auteurs soulignent que les parcours professionnels des hommes et des femmes ne sont pas égaux, et que les discriminations subies par les femmes pour accéder au sommet hiérarchique ne sont pas un fait isolé et ponctuel qui n'interviendrait qu'à un moment donné dans la carrière des femmes (Lyness & Thompson, 1997), mais plutôt un continuum d'inégalités entre les deux sexes (Sanchez-Mazas et al., 2005). Ces inégalités commencent au plus bas niveau hiérarchique et s'accumulent le long de la carrière des femmes, ralentissant leur avancement hiérarchique, voire même empêchant leur accès aux postes les plus élevés de la pyramide organisationnelle (Ferree et al., 2000).

Ainsi, plusieurs chercheurs reconnaissent l'existence d'une forme particulière de discrimination à l'égard des femmes, qui s'accentue à mesure que l'on gravit les échelons hiérarchiques. Ils soulignent néanmoins que la métaphore du plafond de verre ne rend pas compte de l'ampleur complète du phénomène. Certains proposent donc de compléter ce concept par d'autres métaphores, capables de mieux saisir l'ensemble des discriminations qui freinent l'évolution des carrières féminines, les empêchant d'atteindre les mêmes niveaux hiérarchiques et de progresser au même rythme que leurs homologues masculins.

1.1.2 Les prolongements de la métaphore « plafond de verre »

Comme nous l'avons souligné, les chercheurs s'accordent sur un point essentiel : les inégalités et discriminations à l'égard des femmes se concentrent principalement aux échelons supérieurs, constituant l'essence du plafond de verre. Cette observation a conduit à élargir l'analyse en intégrant d'autres métaphores qui rendent compte de barrières à différents niveaux de la hiérarchie, telles que le « plancher collant » ou « sticky floor », désignant les obstacles aux échelons inférieurs, et les « parois de verre » (Baert et al., 2016; Bastid, 2009; Booth et al., 2003; Shambaugh, 2007) ou « glass walls », qui limitent la mobilité horizontale des femmes.

Ces deux métaphores complètent et étoffent l'analyse des inégalités de carrière entre les hommes et les femmes, illustrées par l'image d'un plafond de verre, qualifiée par certains chercheurs comme étant « *une vision statique, horizontale et unidimensionnelle, qui empêche de décrire et de comprendre des mécanismes plus subtils, cumulatifs ou réversibles de construction de ces inégalités* » (Buscatto & Marry, 2009).

L'expression « *plancher collant* » permet ainsi de décrire et analyser les blocages qui confinent les femmes dans des postes situés au plus bas de la pyramide, limitant ainsi leurs chances de progresser vers les niveaux hiérarchiques supérieurs dans les entreprises (Baert et al., 2016). Selon ces auteurs, les femmes sont sujettes à des discriminations notamment lors des recrutements, en particulier lorsqu'il s'agit de recrutement pour des postes à haute responsabilité. Les auteurs expliquent que les femmes qui postulent pour ce type de poste ont moins de chances que les hommes d'être convoqué pour un entretien d'embauche et moins de chances d'avoir une suite favorable après l'entretien.

Cette discrimination à l'embauche dont sont victimes les jeunes femmes concerne principalement celles qui candidatent à des postes offrant des perspectives de promotion vers les niveaux supérieurs (Baert et al., 2016). Cela suggère que les modalités de recrutement diffèrent selon le sexe. Les hommes sont engagés dans une perspective d'évolution de carrière, tandis que les femmes sont recrutées sur la base d'une qualification précise et spécialisée, ce qui tend à les enfermer dans le premier poste qu'elles occupent.

De plus, Meron & Wierink (2006) soulignent qu'à diplôme équivalent aux hommes, il n'est pas rare de trouver des femmes occupant des postes au plus bas de l'échelle hiérarchique pour lesquels elles sont surqualifiées, avec un écart de rémunération entre hommes et femmes très important.

Dans la continuité des travaux visant à nuancer et compléter la métaphore du « plafond de verre », centrée principalement sur une ségrégation verticale, d'autres auteurs ont proposé des images dérivées pour rendre compte d'une autre forme de discrimination touchant les femmes. Ainsi, dans plusieurs travaux nord-américains, les chercheurs évoquent une ségrégation horizontale entre des postes situés au même niveau hiérarchique, qu'ils désignent sous les termes de « parois de verre » (Russo & Hassink, 2012) ou encore de « murs de cristal » (BIT). Cette forme de discrimination confine les femmes dans certains postes ou métiers typiquement féminins, souvent peu visibles, assortis de responsabilités limitées et de faible importance stratégique pour l'entreprise.

Ainsi, au confinement des femmes aux postes de rang inférieur, s'ajoute leur cantonnement dans certaines branches d'activité économique et dans certains métiers ou professions, où il leur incombe de réaliser toutes les tâches que les hommes n'accomplissent pas (fonction de ressources humaines, de communication, d'administration, etc.). Une situation régie par une dynamique omniprésente mais invisible entre les deux formes de ségrégation verticale et horizontale.

Eagly et Carli (2007), quant à elles, soulignent que les murs qui ralentissent ou freinent la progression des femmes vers les postes supérieurs existent partout et à tous les niveaux hiérarchiques, et proposent dès lors la métaphore de « *labyrinthe* » qui vient compléter ou plutôt remplacer celles du « *plafond de verre* » et des « *parois de verre* ». Pour les deux auteures, les changements de ces vingt dernières années ont rendu caduque l'expression du « plafond de verre », qui ne reflète plus la réalité des barrières empêchant l'avancement des femmes vers les sommets des organisations.

La métaphore du « plafond de verre » suggère l'existence de barrières infranchissables qui ne se dresseraient qu'aux niveaux les plus élevés de la hiérarchie. Or, ce plafond peut en réalité apparaître à différents stades de la carrière et n'empêche pas certaines femmes d'accéder aux plus hautes sphères des organisations. Cette image laisse aussi croire, à tort, que les hommes et les femmes disposent des mêmes chances d'accéder aux postes inférieurs et intermédiaires, et que les obstacles rencontrés par les femmes sont essentiellement subtils ou invisibles, alors que certains sont au contraire clairement identifiables.

Pour dépasser ces limites, Eagly et Carli (2007) proposent la métaphore du labyrinthe, qui rend compte de la multiplicité des chemins menant aux positions de pouvoir. Les femmes peuvent atteindre les sommets hiérarchiques, à condition de repérer et de franchir les obstacles successifs qui jalonnent le parcours. Celui-ci se caractérise par des détours, des difficultés récurrentes et la nécessité de faire preuve de persévérance, de lucidité, de connaissance de soi et d'une détermination soutenue.

Quelle que soit la métaphore employée pour décrire les obstacles auxquels se heurtent les femmes cadres dans l'accès aux postes les plus élevés, un point fait largement consensus dans la littérature : les discriminations et inégalités observées s'expliquent par un ensemble de facteurs bien identifiés. Difficultés d'articulation entre vie professionnelle et vie familiale, poids des stéréotypes de genre ou encore accès limité au capital social constituent autant de dimensions centrales, que la section suivante permettra d'examiner plus en détail.

1.2 Les facteurs explicatifs du « plafond de verre »

Une lecture des différents travaux sur le « plafond de verre » montre que les carrières des femmes se heurtent à quatre grandes catégories d'obstacles par rapport à celles des hommes : la discrimination directe, les attitudes traditionnelles liées aux rôles familiaux, les stéréotypes concernant leurs qualifications, compétences et personnalité, les présentant comme moins compétentes, moins combatives et moins ambitieuses pour accéder à des postes de management, et enfin, l'accès limité aux réseaux sociaux et au mentorat.

À ces obstacles s'ajoutent des facteurs structurels, tels que la persistance de la segmentation genrée du travail et les difficultés à articuler vie professionnelle et vie familiale. Ensemble, ces éléments contribuent à maintenir le plafonnement hiérarchique des carrières féminines et à renforcer le « plafond de verre », qui limite leur progression vers les postes à haute responsabilité.

1.2.1 Le poids des stéréotypes

Les stéréotypes peuvent être définis comme un ensemble de croyances communes à un groupe d'individus par rapport à un sujet donné. Ils jouent un double rôle. D'une part, ils décrivent la réalité de façon uniforme et approximative ; et d'autre part, ils imposent selon une approche normative les caractéristiques et les comportements jugés comme socialement désirables.

En effet, face à la quantité d'information qu'il doit traiter au quotidien, l'être humain dispose d'une capacité d'analyse et de gestion de l'information très limitée. Cela le pousse, dans le but de simplifier, à stéréotyper ou à catégoriser les groupes d'individus selon des caractéristiques saillantes, favorisant ainsi les groupes dominants et contribuant à entretenir les inégalités sociales.

Par ailleurs, dans les organisations, le stéréotype « *Think manager, Think male* » (Schein, 1976; Schein et al., 1996; Schein & Davidson, 1993) associe rapidement les qualités managériales aux qualités masculines, tandis que le stéréotype : *« ce qui est beau est bon »* (Amadieu, 2002) relie le « capital beauté » à la performance au travail. Ces deux stéréotypes influencent considérablement toutes les décisions de recrutement, d'affectation, d'évaluation des performances, et par ricochet l'évolution des carrières des hommes et des femmes.

A. Les stéréotypes de genre

Les stéréotypes de genre ou stéréotypes des rôles sociaux sont nombreux, et ont toujours réduit les femmes à être dominées par les hommes (dominants) dans tous les aspects de la vie (études, travail, pouvoir, argent…) donnant lieu à des inégalités et discriminations sociales basées sur le genre et sur les caractéristiques inhérentes à chacun des deux sexes.

Pour tenter d'expliquer le rapport de domination entre hommes et femmes, Sandra Bem (1974) a développé le Bem Sex Role Inventory (BSRI), un outil de référence destiné à appréhender les différences entre caractéristiques dites féminines et masculines. Le BSRI permet également de mesurer les stéréotypes liés aux rôles sociaux attribués aux hommes et aux femmes, en mettant en évidence comment ces attributs façonnent les perceptions et les comportements genrés.

Ainsi nous retrouvons chez l'homme des caractéristiques d'un guerrier-chasseur telles le leadership, l'indépendance, la compétitivité, la domination, l'agressivité, la force, l'ambition et l'aventure. Quant aux femmes, elles sont associées à des caractéristiques dites féminines telles la douceur, l'allégresse, la tendresse, la sympathie, la compassion, la sensibilité aux besoins des autres et l'amour des enfants. Des caractéristiques qui lui valent de s'occuper de la sphère familiale, laissant à l'homme la sphère professionnelle (Lipman-Blumen, 1976). Il résulte de cette stéréotypisation genrée une association systématique de l'image de la femme à son rôle d'épouse et de mère, et, *ipso facto,* une dissociation entre son image et le marché du travail ainsi que son rôle professionnel.

Outre la ségrégation sociale subie par les femmes, elles sont également confrontées à une ségrégation professionnelle, où l'image de la femme est souvent associée à celle d'une « assistante », tandis que les hommes incarnent celle du « leader ». Cette réalité est résumée par l'allégorie « *Think manager, Think male* » de Schein (1976), devenue une référence dans l'étude des stéréotypes de genre en management.

Elle décrit parfaitement le fait que l'image d'un bon manager est souvent influencée par les stéréotypes masculins. Ceci peut accentuer l'impression, chez les deux sexes, que les femmes sont moins (ou pas du tout) qualifiées que les hommes pour les postes de management, affectant négativement l'accès des femmes à ce type de poste.

Les travaux de Schein dans ce domaine sont fondateurs et d'un apport capital. En effet, les résultats de ses premiers travaux de recherche avaient montré que les managers intermédiaires hommes (Schein, 1973) et les managers intermédiaires femmes (Schein, 1975) perçoivent et décrivent le manager qui réussit comme un individu ayant des caractéristiques, des attitudes et un tempérament que l'on attribue assez communément aux hommes, plutôt qu'aux femmes. De surcroît, les femmes ayant une faible expérience dans un poste de management sont les plus à même d'établir cette corrélation entre les caractéristiques du manager et le rôle sexuel (Schein, 1975).

Toutefois, si de nombreux travaux soulignent encore les attributs dits féminins pour expliquer pourquoi les femmes sont rarement perçues comme des leaders et peinent à accéder aux postes de management, les conclusions de Schein (1975) montrent que certaines caractéristiques propres aux managers, telles que la compréhension et l'intuition, correspondent davantage aux stéréotypes associés au rôle féminin qu'à ceux associés au rôle masculin.

De plus, les résultats de l'étude montrent que les femmes et les hommes de l'échantillon attribuent au manager qui réussit certaines caractéristiques neutres telles la compétence, l'intelligence et la créativité. En outre, d'autres caractéristiques telles que l'agressivité, la domination, et l'orientation résultats, traditionnellement considérées comme des attributs masculins, sont désormais susceptibles d'être associées aux managers des deux sexes (Kanter, 1993).

Dans la foulée, Brenner et al. (1989) soulignent que les stéréotypes de genre relatifs au leadership des femmes sont en train de changer, et que de plus en plus de femmes managers ne perçoivent plus les postes de management comme exclusivement masculins. En revanche, les mentalités masculines mettent beaucoup plus de temps à évoluer, et les hommes continuent à adhérer aux stéréotypes traditionnels du manager.

Dans le prolongement de ces travaux, Mueller et Schein (1992), à travers une étude transculturelle (Grande-Bretagne, Allemagne et États-Unis), confirment cette tendance et l'expliquent par un indice de masculinité très élevé chez les hommes dans les trois pays. Cependant, les conclusions concernant la perception par les femmes des fonctions managériales étaient différentes d'un pays à l'autre. Les auteurs expliquent cette différence par le pourcentage de femmes occupant des postes de managers, et par les opportunités perçues relatives à ces postes dans chacun de ces pays.

Les auteurs affirment qu'il est possible pour les femmes d'aspirer à des postes de management, puisque la représentation du manager que se font les hommes et les femmes est à même d'évoluer avec la proportion croissante des femmes occupant ces postes. Une hypothèse que l'on retrouve dans la théorie de la « *masse critique* » de Kanter (1977).

Par ailleurs, les différences d'origines culturelles et sociales entre les femmes et les hommes peuvent engendrer des dissimilitudes de styles de management et de leadership selon le genre. Les travaux de Eagly et Johnson (1990) ont montré ces dissimilitudes, en précisant que les femmes sont davantage tournées vers un style de leadership axé sur les relations interpersonnelles, contrairement aux hommes qui axent leur leadership sur la tâche. Burns (1978) qualifie ceux-ci respectivement de leadership transformationnel et leadership transactionnel.

Le leadership transformationnel peut-être défini comme un engagement réciproque du leader et de ses collaborateurs, basé sur une confiance mutuelle, où le leader essaie de convaincre, de motiver et de fédérer son équipe autour d'objectifs communs en lui faisant prendre conscience de la portée et des conséquences des actions à engager. Pour ce faire le leader transformationnel, en plus d'être charismatique, doit faire preuve d'une réelle compréhension des besoins et des attentes de son équipe, et doit l'inspirer et la stimuler intellectuellement sans pour autant faire des promesses de récompense. A l'opposé, le leadership transactionnel s'exerce dans un esprit d'échange où les collaborateurs reçoivent des récompenses contingentes en contrepartie de la réalisation des objectifs exigés par le supérieur.

Dès lors, il semblerait que les femmes soient plus enclines à recourir au leadership de type transformationnel, qui leur correspond parfaitement étant donné leurs caractéristiques féminines, telles que le sens relationnel et le charisme. Les hommes, en revanche, ont tendance à être dans une logique transactionnelle. Néanmoins, Bass (1985) affirme qu'il faut combiner les deux styles pour être un bon manager. Eagly et al. (2003) estiment que les femmes ont tendance justement à combiner le leadership transactionnel et le leadership transformationnel, pour se conformer aux attentes relatives à leurs rôles sociaux : femme et manager.

Partant, les femmes managers tentent d'adopter un style de leadership adéquat, qui leur permet, d'une part, d'affirmer une autorité pour se conformer à l'idéal du leadership efficace et d'être ainsi prises au sérieux, et d'autre part, de ne pas neutraliser leur féminité, au risque d'être pénalisées et méprisées, tant par les hommes que par les femmes, pour avoir renoncé à leur identité de femme (Alimo-Metcalfe, 2007; Eagly et al., 2003).

Cette tendance à combiner les deux styles de leadership a été confirmée par plusieurs études, qui montrent que les femmes managers privilégient davantage un style transformationnel que leurs homologues masculins, bien qu'elles recourent parfois à des pratiques transactionnelles, notamment en matière de comportements gratifiants. Cependant, les conclusions sur l'impact du genre sur le leadership restent partagées, souvent. D'un côté, certains estiment que le genre génère des différences notables dans les styles de leadership des hommes et des femmes (Eagly et al., 2003; Mandell & Pherwani, 2003), tandis que d'autres soutiennent que le genre n'influence pas le leadership (Kolb, 1999; Van Engen et al., 2001).

En s'appuyant sur les travaux de Kanter (1977), ceux qui défendent l'idée de faibles différences entre les styles de leadership des femmes et des hommes expliquent cette convergence par l'intériorisation, par tous, des codes sociaux associés au rôle de leader. Ainsi, hommes et femmes adoptent un même style de leadership afin de répondre aux attentes liées à leur rôle de manager. Par ailleurs, certains estiment que le contexte, notamment l'environnement et les facteurs organisationnels, peut également influencer le style de leadership, indépendamment du genre.

B. Stéréotypes du diplôme

Corollaire des stéréotypes de genre, plusieurs travaux de recherche évoquent l'existence de stéréotypes relatifs au diplôme, eux-mêmes liés au genre. Ces stéréotypes relèguent les capacités intellectuelles et cognitives des filles à un rang inférieur à celui des garçons. En d'autres termes, selon ce stéréotype, les garçons seraient plus doués dans certaines matières scientifiques telles que les mathématiques, alors que les filles seraient plus douées dans les langues et la communication. Cette hypothétique différence dans les facultés cognitives entre filles et garçons se traduit par des choix de carrière différents selon le genre.

Plusieurs études en sociologie ont tenté d'établir le lien entre les performances scolaires d'une part, et les stéréotypes de genre et d'origine ethnique d'autre part. Les résultats montrent que les performances scolaires peuvent être améliorées lorsque l'on active, chez les candidats, un stéréotype socioculturel positif avant un test, et vice versa si un stéréotype négatif est activé.

Dans la même veine, Shih et al. (1999) ont testé l'impact des stéréotypes de genre (selon lequel les femmes ne sont pas douées en mathématiques) et des stéréotypes des origines ethniques (selon lequel les asiatiques, hommes et femmes, sont excellent en mathématiques) sur les performances en mathématiques des femmes d'origine asiatiques. Ils ont adressé le même questionnaire à deux groupes, en activant les stéréotypes positifs pour le premier groupe (en insistant sur les origines asiatiques), et les stéréotypes négatifs pour le second (en insistant sur le fait qu'elles étaient des femmes).

Les résultats du test ont révélé une différence très significative entre les performances des deux groupes. Ces résultats permettent de tirer deux conclusions. D'abord, le stéréotype de genre influence les femmes, qui tendent à se conformer aux attentes des autres, donnant lieu à une prophétie auto-réalisatrice, communément connue sous le nom d'*effet pygmalion*. Ensuite, ces résultats montrent que les femmes, à rebours des stéréotypes, ne sont pas sous douées en mathématiques et en matières scientifiques.

D'ailleurs, les statistiques publiées dans le rapport de l'OCDE (2009) relatives au programme international pour l'évaluation des acquis des élèves, réalisé sur un échantillon de 57 pays, montrent que les différences entre les proportions de filles et de garçons âgés de 15 ans parmi les élèves les plus performants en mathématiques et en sciences, ne sont que légèrement en faveur des garçons. Elles sont en moyenne de -3,1% et -1,4% respectivement. En revanche, en ce qui est de la compréhension de l'écrit, la différence est de l'ordre de +3,4% en faveur des filles.

En dépit de ces faibles différences entre les deux sexes, les garçons continuent de s'orienter vers les filières scientifiques et techniques, et les filles vers des filières de littérature, de langue ou encore d'enseignement. Cette stigmatisation des filles semble orienter les choix des études postes secondaires, et par ricochet, les choix de carrière. De plus, les filles continuent de s'orienter vers des filières dites féminines même si elles sont de plus en plus présentes dans l'enseignement supérieur, avec un taux d'obtention des diplômes supérieur à celui des garçons, dans des délais plus courts et avec de meilleures notes.

Dans le même esprit, les travaux de Bourdon et Cleaver (2000) ont mis l'accent sur la nécessité de prendre en compte les stéréotypes du diplôme en interaction avec l'effet du genre, pour mieux appréhender les discriminations à l'embauche dont sont victimes les femmes, notamment dans la phase d'insertion professionnelle. Les auteures sont parties d'une classification des diplômes collégiaux techniques en trois catégories (diplômes masculins, diplômes féminins et diplômes mixtes) en faisant ressortir les aspects intrinsèques au diplôme, qu'ils ont qualifié de « *pouvoir du diplôme* ». Elles ont pu démontrer l'existence d'une interdépendance entre l'effet du genre et le diplôme.

Ainsi selon les auteures, les femmes titulaires de diplômes dits « féminins » bénéficient d'un avantage en termes de taux d'emploi et de durée de recherche d'emploi. En revanche, les hommes prennent un peu plus de temps pour trouver un emploi, mais ceux-ci obtiennent des postes dans des domaines liés à leurs études, avec des salaires nettement supérieurs à ceux des femmes. Les auteures expliquent ce phénomène par le « compromis féminin », selon lequel les femmes seraient plus enclines à accepter des salaires moins élevés en contrepartie d'un accès plus rapide et fréquent à l'emploi.

Par ailleurs, l'avantage relatif des femmes diplômées lors de leur entrée dans le monde professionnel tend à s'estomper lorsqu'il s'agit de leur évolution de carrière et de leur accès aux plus hauts niveaux hiérarchiques. Cette situation s'explique en grande partie par le retard historique des femmes en matière d'accès à l'enseignement supérieur et aux diplômes avancés. En effet, dans de nombreux pays, les formations supérieures, les grandes écoles et les institutions prestigieuses n'ont véritablement ouvert leurs portes aux femmes qu'à partir des années 1970, limitant ainsi leur représentation aux postes de direction.

Il est donc naturel que l'écart entre les hommes et les femmes se réduise progressivement, à mesure que le flux des jeunes diplômées accédant à ces formations progresse vers les fonctions d'encadrement et de direction conformément au concept de pipeline.

C. Les stéréotypes de l'apparence physique

L'apparence physique d'un individu, ou « *lookism* » (Browne & Giampetro-Meyer, 2003), selon l'expression utilisée par les Américains, constitue, avec son identité sexuelle, sa caractéristique la plus accessible dans les interactions sociales (Garner-Moyer, 2008). Plusieurs travaux de recherche se sont intéressés à la question, en se focalisant davantage sur la relation entre l'apparence physique d'un part, et les décisions de recrutement et les évaluations de performances, d'autre part, que d'aucuns considèrent comme une barrière invisible à l'avancement hiérarchique des femmes.

Il s'agit en effet d'une croyance selon laquelle l'apparence physique d'un individu est perçue comme un indicateur de sa valeur et peut, *ipso facto,* constituer un facteur implicite influençant la sélection, la discrimination à l'embauche et l'évolution de carrière.

Par apparence physique, nous entendons l'apparence corporelle (caractéristiques du corps et du visage) et la façon dont on le met en valeur par les objets, dite le « *look* » (tenue vestimentaire, coiffure, maquillage, ...) (Garner-Moyer, 2008). En d'autres termes, au-delà du « *capital beauté* », la tenue vestimentaire, le maquillage, la coiffure, etc., ainsi que les attitudes corporelles, font également partie de l'apparence physique au sens large, puisque ces facteurs sont soumis à des normes sociales reconnues.

Les études portant sur l'apparence physique (Bruchon-Schweitzer, 1990; Dion et al., 1972; Stevenage & McKay, 1999) et leur influence sur le marché du travail (Amadieu, 2002; Garner-Moyer, 2008) ont mis en évidence une association stéréotypée d'attributs favorables au capital beauté : « *ce qui est beau est bon*» (*what is beautiful is good*), expression qui résume la représentation que les individus se font de la beauté et des qualités qui lui sont associées.

Ainsi, on attribue aux personnes attrayantes plus de qualités comme l'amabilité, l'honnêteté, l'intelligence et la compétence (Dion et al., 1972; Jackson, Hunter, & Hodge, 1995a; Mulford, Orbell, Shatto, & Stockard, 1998), et par conséquent, elles seront favorisées par rapport aux personnes dont le « capital beauté » est inférieur, avec une employabilité renforcée (Desrumaux, 2005; Jawahar & Mattsson, 2005), et seront récompensées en termes de salaires et de promotions.

Par ailleurs, et en dehors du processus de recrutement, l'apparence physique peut avoir un impact sur l'évaluation des performances et l'évolution de carrière. Landy et Sigall (1974) ont démontré de façon expérimentale l'effet d'une apparence physique séduisante sur l'évaluation des performances. Ils ont établi une corrélation négative entre la performance d'une personne et son capital beauté. C'est-à-dire que plus l'attrait physique est important, plus fort sera son influence sur l'évaluation des mauvaises performances. Pour les auteurs, les individus au physique séduisant sont plus enclins à bénéficier de l'indulgence des évaluateurs. Ainsi les atouts physiques de ces individus, de par le « bénéfice du doute » qu'on leur accorde, vont combler les mauvais résultats et neutraliser leurs incompétences professionnelles.

Dans le même ordre d'idée, Jackson et al. (1995b) vont au-delà de cette corrélation négative entre performances et attractivité physique, pour démontrer le lien qui existe entre cette dernière et l'évolution de carrière. Selon eux, les individus qui disposent d'un « capital beauté » avantageux sont considérés plus compétents « a priori » que les autres, et sont donc plus à même d'être promus (Marlowe et al., 1996).

Cependant, il convient de préciser qu'il existe des situations où le *capital beauté* peut paradoxalement constituer un handicap pour les femmes (Marlowe et al., 1996). En effet, si les individus dotés d'un capital beauté élevé bénéficient généralement d'une perception favorable, les évaluateurs ne jugent pas de la même manière les hommes et les femmes qui en disposent. Des recherches montrent qu'il subsiste des stéréotypes négatifs à l'égard des femmes séduisantes postulant à des postes de direction. Ainsi, pour contrer ces biais, de nombreuses femmes cadres adoptent des stratégies de neutralisation de la féminité, notamment en privilégiant des tenues conservatrices, à l'allure plus masculine, mais sans aller jusqu'au port du pantalon (Amadieu, 2002).

Cette ambivalence du capital beauté a également été mise en lumière par Heilman et Stopeck (1985), qui se sont intéressés aux liens entre apparence physique, évaluation professionnelle et niveau hiérarchique. Leurs travaux confirment que l'attrait physique constitue, pour les femmes, une arme à double tranchant. En effet, si l'attrait physique constitue un réel avantage pour l'accès des femmes aux postes de management intermédiaire, il peut se retourner contre elles lorsqu'elles aspirent à des fonctions de direction.

Cette situation, où le capital beauté cesse d'être un avantage pour devenir un handicap, s'explique par la perception accrue de féminité des femmes séduisantes. Plus leur capital beauté est élevé, plus elles sont considérées comme très féminines (Drogosz & Levy, 1996), ce qui peut entrer en contradiction avec les stéréotypes associés aux postes de direction, traditionnellement masculins. Ainsi, les stéréotypes de genre et d'apparence physique sont étroitement liés.

Plus récemment, des recherches ont nuancé l'idée que l'apparence physique attrayante constitue un handicap pour les femmes, même dans les postes et domaines traditionnellement dominés par les hommes. Selon Jawahar et Mattson (2005), les femmes séduisantes ont davantage de chances d'être acceptées dans ces milieux professionnels que leurs homologues moins attrayantes, bien que leurs chances restent inférieures à celles des hommes attrayants. Par ailleurs, une revue systématique récente (Kukkonen et al., 2024) montre que, si l'attrait physique favorise globalement les individus sur le plan socioéconomique, les effets pour les femmes sont plus mitigés. Elles peuvent à la fois être récompensées et pénalisées pour leur apparence, contrairement aux hommes pour qui les résultats sont plus cohérents. Ces constats indiquent que les facteurs contextuels jouent un rôle déterminant dans les effets du capital beauté, en particulier pour les femmes.

1.2.2 Hégémonie masculine : Pouvoir du genre et du nombre

Depuis les travaux pionniers de Kanter (1977), la proportion de femmes occupant les postes managériaux les plus élevés est reconnue comme un facteur déterminant pour comprendre les différences de trajectoires professionnelles entre hommes et femmes. Cette sous-section se propose d'explorer les principaux enseignements de la théorie de la « masse critique », en mettant en lumière l'impact du faible nombre de femmes dans la hiérarchie sur leur visibilité et leur influence au sein des organisations. Nous examinerons également les dynamiques relationnelles spécifiques qui se nouent au sein des groupes masculins et féminins, ainsi que les conditions d'accès des femmes aux réseaux professionnels et au mentorat.

A. Figure de proue et absence de modèle féminin

La question de l'absence d'un modèle-type féminin de cadre-manager a été soulevée par de nombreux auteurs. Les travaux de Kanter (1977) restent particulièrement influents en la matière, car ils analysent les trajectoires professionnelles des femmes et les inégalités auxquelles elles sont confrontées en tenant compte du contexte et de la structure organisationnelle, plutôt que de se limiter aux caractéristiques individuelles ou aux différences entre hommes et femmes.

Ainsi, pour accéder aux postes les plus élevés des organisations, les femmes doivent faire face au pouvoir des hommes qui se traduit par une structuration et une hiérarchisation du travail, des postes, des carrières, suivant des critères genrés, dans des structures organisationnelles calquées sur des modèles masculins, rendant leur présence au sommet hiérarchique moins légitime. Elles doivent donc démontrer des qualités de management et de leadership supérieures à la moyenne (Singh & Vinnicombe, 2004) afin de gagner en légitimité aux yeux des supérieurs, des collègues et des subordonnés.

Cette sous-représentation des femmes dans les organisations traditionnellement dominées par les hommes influence leurs trajectoires professionnelles, faisant de celles qui parviennent à occuper des postes élevés des « *figures de proue* » ou des « *tokens* » (Kanter, 1977), tout en restant des « *outsiders* ». En effet, Hughes (1945) précise que, même lorsque ces *figures de proue* remplissent toutes les conditions formelles et objectives requises pour ces postes, elles continueront de symboliser une carence par rapport aux « caractéristiques auxiliaires » telles que le sexe, la race ou l'ethnie, conformément aux attentes stéréotypées, et ne seront jamais pleinement reconnues par le groupe dominant (les hommes) comme des membres à part entière. Elles restent ainsi considérées comme un groupe minoritaire, représentantes des dominées, et demeurent toujours sous l'observation des dominants (les hommes). Aussi seront-elles confrontées à trois phénomènes perceptuels majeurs, à savoir la visibilité, la polarisation et l'assimilation. Pour Kanter :

- La *visibilité* des femmes cadres dans l'entreprise est aussi grande que leur nombre est minoritaire par rapport à leurs collègues masculins, ce qui se traduit par une attention excessive à leur égard accentuant la pression sur les performances à atteindre.

- La *polarisation* fait référence au contraste entre la classe dominante et celle dominée. La présence d'une minorité au sein d'un groupe homogène entraîne une prise de conscience exagérée chez le groupe dominant des caractéristiques qui les différencient du groupe minoritaire, renforçant les frontières entre les groupes et faisant des figures de proue une catégorie isolée.

- L'*assimilation* consiste à déformer les caractéristiques propres aux figures de proue pour les assimiler au groupe social dominant. Les tokens sont alors enclins à se conformer à des rôles préétablis.

Cependant, selon la théorie de la « *masse critique* » (Kanter, 1977), ces effets perceptuels tenderaient à disparaitre si l'effectif des femmes dans ces postes venait à dépasser un certain seuil. L'auteure soutient que plus le nombre de femmes cadres augmentera dans l'entreprise, plus les attitudes et les comportements à leur égard évolueront positivement. Cela se traduira, d'une part, par une reconnaissance, au sein de la culture organisationnelle, de leurs compétences et de leurs qualités féminines au même titre que celles des hommes, et, d'autre part, par la réduction progressive des stéréotypes de genre à leur égard.

Cette théorie constitue une référence pour les chercheurs s'intéressant à la relation entre le nombre de femmes dans les organisations et les attitudes à leur égard, bien qu'elle ait reçu un soutien empirique limité. L'étude de Harlan et Weiss (1981) illustre cette ambivalence. Selon ces deux auteures, une masse critique constitue une condition nécessaire mais non suffisante pour modifier les attitudes envers les femmes. De plus, les effets positifs liés à l'accroissement du nombre de femmes semblent plafonner au-delà d'un certain seuil. Contrairement à Kanter, qui estimait que le pourcentage de femmes cadres devait dépasser 35 % pour produire des changements significatifs, Harlan et Weiss soutiennent que des modifications favorables dans la culture organisationnelle peuvent se produire tant que la représentation des femmes ne dépasse pas 20 % de l'effectif. Au-delà de ce seuil, leur présence pourrait être perçue comme une menace par les hommes, entraînant une intensification du sexisme à leur encontre.

B. Femmes aux postes de mangement : homosocialité vs hostilité !

Dans la foulée des travaux de Kanter, d'autres recherches visant à expliquer la forte ou la faible présence des femmes dans certains métiers se sont intéressées aux orientations de carrières selon le sexe. A cet égard, l'étude de Heilman (1979), l'une des premières dans son genre, a montré que les filles sont davantage enclines à se projeter dans des métiers mixtes, où la répartition hommes-femmes tend vers la parité, contrairement aux garçons qui privilégient les professions où la présence masculine est dominante.

En effet, au-delà des explications traditionnellement avancées pour justifier l'exclusion des femmes des plus hauts niveaux organisationnels, plusieurs auteurs attribuent ce phénomène à l'homophilie ou l'homosocialité, c'est-à-dire les liens sociaux entre individus du même sexe. Cette préférence pour les similarités se manifeste plutôt chez les hommes, ce qui leur permet de maintenir et de défendre l'ordre du genre et l'hégémonie masculine (Hammarén & Johansson, 2014).

Selon la théorie homosociale des rôles de sexe (*homosocial theory of sex roles*) développée par Lipman-Blumen (1976), l'homosocialité se définit comme la tendance des hommes à privilégier les relations entre eux, en dehors du contexte amoureux et sexuel. Cette théorie stipule que les hommes sont attirés, stimulés et intéressés par la compagnie d'autres hommes, ce qui explique leur propension à se regrouper et conduit, *ipso facto*, à l'exclusion des femmes des cercles professionnels.

Ainsi, dans le domaine professionnel, ce phénomène se traduit par la préférence des hommes pour établir des relations amicales et collaborer avec d'autres hommes, afin de maintenir un ordre social genré fondé sur des normes masculines telles que le détachement émotionnel et la compétitivité. Cette dynamique favorise la hiérarchisation des rapports sociaux hommes-femmes, en perpétuant l'hégémonie masculine, d'un côté, et l'ostracisme ainsi que l'objectification des femmes, de l'autre (Broadbridge et al., 2008). Elle contribue également à accentuer les stéréotypes de genre véhiculant une image masculine du manager (Powell, Butterfield, & Parent, 2002; Schein, 2001).

Par ailleurs, il semblerait que l'homosocialité n'opère pas dans les organisations de la même façon chez les femmes que chez les hommes au sein des organisations. La solidarité féminine, supposée favoriser la collaboration et la formation d'alliances indépendamment des niveaux hiérarchiques, laisse souvent place à des rivalités, voire à des hostilités.

Heim et Murphy (2004) soulignent que les hostilités entre femmes en milieu professionnel sont particulièrement exacerbées dans les secteurs et organisations fortement dominés par les hommes. Selon ces auteurs, les femmes se trouvent plus fréquemment en conflit avec d'autres femmes qu'avec des hommes, ou que les hommes entre eux. Elles en viennent ainsi à adopter des perceptions de leurs consœurs conformes à celles des hommes et à privilégier des relations professionnelles avec des hommes plutôt qu'avec des femmes.

Ce constat est particulièrement frappant dans les relations professionnelles entre les femmes, managers et les subordonnées. Il apparait que les subordonnés, hommes comme femmes, évaluent différemment les comportements managériaux et le leadership de leurs supérieures féminines, et manifestent plus d'hostilité envers les femmes managers qu'envers les hommes managers (Cooper, 1997). Ils présagent également moins de réussite pour elles (Heilman et al., 1989), et formulent critiques et reproches à leur égard lorsqu'une équipe échoue à atteindre ses objectifs, tout en attribuant le succès au hasard lorsque les résultats sont positifs. Ce préjugé pèse davantage sur les femmes managers dont le *capital beauté* est supérieur à la moyenne (Heilman & Stopeck, 1985).

Dans le même sillage, le déni du leadership féminin est particulièrement plus présent chez les subordonnées de sexe féminin (Lorenzi-Cioldi, 2002). Celles-ci adoptent des attitudes plus négatives envers les femmes managers (Rose, 1978), se déclarent plus satisfaites lorsqu'elles travaillent sous la direction d'un manager masculin (South et al., 1982) et présentent une productivité plus élevée dans ce contexte (Rose, 1978). Par ailleurs, selon cette auteure, la productivité est généralement plus élevée lorsqu'il s'agit d'un leadership de sexe opposé, c'est-à-dire que les femmes managers ont tendance à mieux réussir lorsqu'elles dirigent des équipes majoritairement masculines, et inversement.

Dans ce contexte, la présence de quelques femmes dans les hautes sphères de l'organisation, en plus d'être perçue comme une menace pour les hommes et un défi direct à leur pouvoir (Davidson & Burke, 2000), semble être une menace pour les autres femmes qui aspirent à des postes similaires. Au lieu d'incarner le rôle de modèle pour les autres femmes et les aider à progresser et décrocher les postes qu'elles briguent (Singh & Vinnicombe, 2003b), les femmes managers, qui sont parvenues à gravir les échelons hiérarchiques, préfèrent rester des *figures de proue*.

Ainsi, la promotion des femmes vers les niveaux hiérarchiques supérieurs se fait davantage par les hommes que par les femmes *figures de proue*. Ces dernières, nouvellement promues, deviennent de ce fait à leur tour des *figures de proue* et se focalisent davantage que les hommes sur les compétences et les qualifications des autres femmes (Heilman & Herlihy, 1984), se montrant plus exigeantes dans l'évaluation de leurs réalisations professionnelles (Paludi & Strayer, 1985). De surcroît, les femmes ont tendance à percevoir plus négativement que les hommes les femmes assertives (Mathison, 1986), et tendent à entretenir davantage de préjugés envers les consœurs dans le contexte professionnel (Cooper, 1997).

Staines et al. (1974) estiment que la menace perçue par les femmes de la part des autres femmes les enferme dans une compétition destructrice au profit des hommes, et proposent de qualifier cette situation de syndrome de la « *reine des abeilles* » (*Queen Bee Syndrome, QBS*). Ce syndrome dépeint l'attitude plus hostile des femmes désormais *figures de proue* dans un milieu masculin envers les autres femmes qu'envers les hommes. L'hostilité des *figures de proue* envers les autres femmes de rang hiérarchique inférieur limite leur progression vers les niveaux supérieurs, à l'image de la reine des abeilles qui, entourée des mâles, essaie d'exterminer les autres reines potentielles.

Staines et al. (ibid.), expliquent cette attitude comme un mimétisme des comportements masculins chez les femmes occupant des positions minoritaires (figures de proue). Confortées à un environnement fortement masculinisé, elles adopteraient des normes valorisées dans ce contexte, notamment une orientation marquée vers l'autorité (Lorenzi-Cioldi, 2002). Ce mimétisme participerait ainsi à la reproduction des rôles traditionnels de sexe (Mavin, 2008), alors même qu'elles sont moins attirées par le pouvoir et la domination intergroupe que les hommes (Chatard et al., 2005).

Des recherches plus récentes confirment, tout en les nuançant, ces dynamiques. Baykal et Surucu (2025) mettent notamment en évidence les réactions inconscientes que peuvent manifester des subordonnées féminines envers leurs dirigeantes, introduisant ainsi le concept de *Syndrome de l'Abeille Ouvrière* (*Worker Bee Syndrome WBS*). Celui-ci montre que les logiques de compétition intra-genre peuvent également se manifester « par le bas », suggérant que l'hostilité n'est pas systématiquement unidirectionnelle ni exclusivement imputable aux femmes en position de pouvoir.

Toutefois, d'autres travaux invitent à nuancer cette lecture. Korabik et Abbondanza (2004) ont cherché à évaluer la présence de comportements de solidarité entre femmes dans les organisations. Leurs premiers résultats indiquent que les femmes soutiennent effectivement leurs consœurs, tant au niveau interpersonnel que collectif, par des pratiques de mentorat, des réseaux de soutien ou des initiatives visant à transformer les politiques organisationnelles. Cette perspective contredit l'image véhiculée par la métaphore de la reine des abeilles, selon laquelle les femmes seraient plus fréquemment en conflit avec d'autres femmes qu'avec des hommes, ou que les hommes entre eux (Heim et al., 2004).

Ces observations ont été corroborées par l'étude de Dinolfo et al. (2012), publiée par Catalyst, qui avance que le mythe de la « *reine des abeilles* » ne résiste pas à l'examen empirique contemporain. Les auteurs montrent en effet que les femmes sont proportionnellement plus nombreuses que les hommes (respectivement 73 % contre 30 %) à soutenir d'autres femmes à haut potentiel au sein de leur organisation.

C. L'accès des femmes aux réseaux et au mentorat

Les questions de l'accès aux réseaux informels et du mentorat sont étroitement liées. Les personnes bénéficiant d'un mentorat obtiennent plus fréquemment des promotions, connaissent une plus grande mobilité professionnelle et progressent plus rapidement dans leur carrière. Pourtant, il apparaît que les femmes demeurent souvent en marge, voire exclues de ces réseaux que d'aucuns qualifient de « boys clubs », lesquels exercent une influence déterminante sur les processus et décisions de promotion vers les postes les plus élevés et les plus stratégiques (Marchand et al., 2007).

Dans cette perspective, des études telles que celle d'Abidin et al. (2009) montrent que les femmes cadres rencontrent des difficultés à établir des relations de mentorat en raison de leur accès limité aux réseaux informels, les contraignant ainsi à se reposer principalement sur les voies formelles de promotion. À l'inverse, les hommes bénéficient souvent de promotions plus rapides, notamment grâce à leur appartenance à ces réseaux organisationnels informels qui leur permettent de saisir des opportunités de développement de grande envergure.

Les réseaux se composent généralement de personnes-ressources avec lesquelles il est possible de tisser des liens au cours du parcours professionnel. Ils rassemblent souvent des pairs ou aînés rencontrés dans différents contextes de travail, avec qui se construisent progressivement des relations de confiance et d'estime, et auprès desquels il est possible de solliciter conseils et soutiens lors de transitions professionnelles. Ainsi, ces relations jouent un rôle déterminant dans la construction d'une réputation, condition sine qua non à l'accès aux postes de niveau supérieur (Gersick et al., 2000).

Or, comme nous l'avons souligné plus haut, la recherche met en évidence des différences marquées entre les hommes et les femmes dans l'accès aux réseaux et l'influence que ceux-ci exercent sur leurs trajectoires professionnelles. Ces écarts contribuent, à bien des égards, à expliquer les difficultés rencontrées par les femmes pour atteindre les plus hauts niveaux hiérarchiques, dans la mesure où les décisions de promotion se prennent largement au sein de ces réseaux, au moyen de mécanismes de cooptation opérant tant à l'intérieur qu'à l'extérieur de l'organisation.

Il en ressort que l'appartenance à des réseaux permet à la fois une meilleure visibilité et un accès à plus d'opportunités d'évolution hiérarchique (Marchand et al., 2007; Maume, 2004). Une visibilité qui profite davantage aux hommes qu'aux femmes, puisque ces dernières sont généralement absentes ou écartées des réseaux professionnels, ce qui expliquerait la différence dans l'évolution des carrières entre hommes et femmes.

Face à cette exclusion des « *boys club* » et à l'invisibilité professionnelle qui en découle, les femmes redoublent d'efforts pour intégrer les réseaux, et cherchent même à développer des « *réseaux féminins intra-entreprises et inter-entreprises* » (Laufer, 2008). Toutefois, cette démarche demeure largement insuffisante. L'étendue, la portée et l'efficacité de ces réseaux restent inférieures à celles des réseaux auxquels appartiennent leurs homologues masculins.

Il convient en effet de souligner que, si les femmes sont tout à fait capables de constituer et d'entretenir ces réseaux, ceux-ci exercent généralement moins d'influence. D'une part, les réseaux féminins qu'elles essaient de mettre en place et de développer demeurent souvent marginaux, car leurs membres occupent majoritairement des positions hiérarchiques moins élevées et disposent donc d'un pouvoir plus limité (Rothstein et al., 2001). Qui plus est, cette stratégie peut aller à l'encontre de leurs aspirations en matière de visibilité professionnelle (Boni–Le Goff, 2010). D'autre part, afin de dépasser les limites de ces réseaux homogènes, les femmes cherchent également à nouer davantage de relations avec les hommes et à intégrer des réseaux mixtes. Une stratégie qui se révèle elle aussi peu concluante. En effet, malgré leurs efforts, elles peinent à accéder aux réseaux centraux, ceux qui jouent un rôle déterminant dans la visibilité et la progression des carrières (Rothstein et al., 2001). Or, l'amélioration de la visibilité passe inévitablement par ces réseaux centraux, dont l'efficacité est sans commune mesure avec celle des réseaux périphériques.

Par ailleurs, Schor (1998) explique cette exclusion des réseaux centraux, dont l'efficacité est indéniable, par l'incapacité des femmes à développer et entretenir des relations amicales avec les membres des réseaux informels en dehors du temps et du lieu de travail, d'un côté, et par la difficulté qu'elles rencontrent face aux mécanismes de l'homosocialité qui régissent les réseaux masculins, de l'autre côté.

Cette situation, conjuguée à l'inertie des stéréotypes de genre, conduit les femmes à adopter une approche essentiellement formelle de leur évolution de carrière, les rendant peu réceptives aux bénéfices potentiels des réseaux informels (Naschberger et al., 2012a). Autrement dit, pour progresser, elles s'appuient davantage sur leurs compétences et sur leur développement continu, qu'elles perçoivent comme les principaux leviers pour asseoir leur légitimité dans l'organisation et accéder aux niveaux hiérarchiquement supérieurs. Cette stratégie vise par ricochet à favoriser leur acceptation au sein des réseaux les plus influents, même si ces derniers demeurent difficilement accessibles.

De surcroît, la question de l'accès des femmes aux réseaux centraux conduit fréquemment les chercheurs à examiner celle des relations de mentorat. En effet, corollaire de leur faible visibilité au sein des réseaux influents, les femmes éprouvent davantage de difficultés que les hommes à identifier et à mobiliser des mentors, ce qui se traduit par un accès plus limité aux missions stratégiques et, par conséquent, par une moindre accumulation d'expérience professionnelle.

Par ailleurs, la littérature souligne que les relations de mentorat établies par les femmes le sont le plus souvent avec des individus de sexe opposé, les mentors des femmes cadres étant majoritairement des hommes, en raison du faible nombre de femmes susceptibles d'endosser ce rôle. Cette rareté s'explique non seulement par la sous-représentation des femmes dans les hautes sphères organisationnelles, mais également par l'hypercompétition et les formes d'hostilité qui peuvent émerger entre femmes occupant des positions hiérarchiques différentes.

En outre, les femmes sont moins susceptibles de bénéficier du soutien de sponsors de carrière véritablement influents (ceux capables d'intervenir en leur faveur lors des décisions de promotion, d'affectation ou de formation) en raison de leur accès restreint aux réseaux centraux (Akpinar-Sposito, 2013a). À cela s'ajoute le fait que les femmes en quête de mentorat doivent bien souvent démontrer leurs compétences avant d'être acceptées dans une telle relation (Mavin, 2006), d'autant que les mentors masculins tendent à privilégier les interactions homosociales.

Ainsi, la rareté de mentors influents, qualifiés, disponibles et disposés à accompagner des femmes ne favorise guère leur inscription dans une démarche active de recherche de mentorat (Bible & Hill, 2007). Néanmoins, afin de pallier leur exclusion des réseaux, les femmes qui parviennent à établir une relation de mentorat construisent fréquemment avec leur mentor un véritable « couple professionnel », relation dans laquelle elles se trouvent souvent en situation de forte dépendance (Guillaume & Pochic, 2007).

1.3 Le conflit vie familiale-vie professionnelle

L'articulation entre la vie familiale et la vie professionnelle est l'un des thèmes les plus souvent abordés dans la littérature sur les carrières des femmes. Les chercheurs soulignent l'importance de prendre en compte l'interaction entre le rôle professionnel des femmes et les autres rôles sociaux dans le but d'expliquer les choix et les cheminements de carrière des femmes, qui se différencient à bien des égards de ceux de leurs homologues masculins.

Certaines études ont montré que bien que la difficulté à concilier vie familiale et vie professionnelle concerne aussi bien les femmes que les hommes ayant des enfants en bas âge, il n'en demeure pas moins que les femmes actives sur le plan professionnel sont davantage affectées par cette problématique. Ce phénomène est souvent perçu et vécu comme un véritable conflit entre les deux sphères de la vie. De plus, la faible implication des hommes dans les tâches de la vie familiale (éducation des enfants, tâches ménagères, etc.) peut être expliquée par plusieurs facteurs d'ordre culturel, social, organisationnel et économique.

En effet, ce constat ne date pas d'aujourd'hui et a fait l'objet de travaux de recherche depuis plusieurs années dans les différentes branches des sciences humaines et sociales. Cette situation est liée aux rapports sociaux de genre et à la division spatio-sexuelle du travail, où l'homme s'occupe de la production (création) dans la sphère publique (dehors), alors que la femme est invitée à occuper la sphère privée (dedans) et à s'occuper de la reproduction (procréation).

Cette dichotomie genrée de l'espace se manifeste, d'une part, par le principe de séparation entre le travail des hommes et celui des femmes, et, d'autre part, par le principe de hiérarchisation qui valorise le travail masculin, auquel on attribue une forte valeur économique et sociale, au détriment du travail féminin, perçu comme non productif. Cependant, l'accès massif des femmes au marché du travail et aux postes à responsabilité, desquels elles étaient longtemps exclues et pour lesquels elles étaient considérées comme illégitimes, n'a pas favorisé la disparition de la division sexuée du travail (Laufer, 2008), et encore moins la rupture avec l'hégémonie du modèle masculin du travail.

Ce faisant les femmes, en plus de leurs obligations professionnelles, doivent assumer les responsabilités familiales (le travail domestique et l'éducation des enfants), rôle qu'elles ont historiquement tenu. Elles tentent d'articuler ces rôles afin de trouver un équilibre entre le travail et la famille tout au long de leur cycle de vie professionnelle, au-delà de la période de maternité, tout en gérant tensions et pressions sociales (Crompton, 2006).

Dans une société de biactivité des couples, l'identité de la femme s'articule autour de deux références aussi importantes l'une que l'autre : le travail (production) et la famille (reproduction). Leur double présence entraîne des difficultés à gérer simultanément ces sphères et les tâches qui y sont associées, dans une logique de vouloir trouver du temps pour le travail, pour les enfants, pour les conjoints, et enfin pour elles, ce qui peut créer un conflit travail-famille, deux rôles mutuellement incompatibles à bien des égards.

En effet, les conflits inter-rôles surviennent lorsque la participation à un rôle est rendue plus difficile par la participation à un autre, traduisant une incompatibilité entre les pressions exercées par chacun de ces rôles. Selon Greenhaus et Beutell (1985), ce conflit peut se matérialiser en trois aspects distincts qui ne s'excluent pas : le temps, les tensions et les comportements.

Plusieurs chercheurs évoquent le temps (ou le manque de temps) comme l'une des principales sources de conflit travail-famille. Le temps consacré à des activités liées à un rôle ne peut l'être simultanément à des activités relevant de l'autre rôle, ce qui engendre des débordements bidirectionnels du travail vers la famille ou de la famille vers le travail (Tremblay, 2003a). Les caractéristiques de l'emploi, son organisation horaire ainsi que le nombre d'heures travaillées par semaine constituent également des facteurs aggravant ce conflit. Parallèlement, un faible soutien du conjoint pourrait être une source de conflit famille-travail.

Chez les femmes mariées ayant des enfants en bas âge, ce conflit est particulièrement problématique et est source de pressions, eu égard à la gestion du temps nécessaire pour assumer simultanément les deux rôles. Ce conflit lié aux exigences temporelles peut se traduire par des préoccupations relatives à un rôle au moment même où elles sont physiquement engagées dans l'autre rôle. Cette situation est largement vécue par les femmes cadres, dans la mesure où le partage des tâches domestiques et l'éducation des enfants, demeure très déséquilibré au sein des couples à double carrière. Les hommes y consacrent en moyenne trois fois moins de temps que les femmes (Naschberger et al., 2012b).

De plus, la maternité semble être une période particulièrement difficile à gérer dans la vie d'une femme cadre. Durant cette phase, elle subit des pressions accrues et se retrouve davantage tiraillée entre objectifs de carrière et vie familiale. Cette situation se traduit par des sentiments de culpabilité, d'un côté, envers ses enfants, pour s'être absentée et ne pas avoir pu s'occuper suffisamment d'eux (Gosset, 2004), et de l'autre côté, envers l'entreprise, où elle cherche à compenser ce qu'elle perçoit comme un manquement lié à la maternité (Aubert, 1982; cité dans ; Landrieux-Kartochian, 2003).

Par ailleurs, les pressions et les tensions subies par la femme dans son activité professionnelle et sa vie familiale peuvent entraîner fatigue, anxiété, irritabilité, apathie, voire dépression, et générer un conflit inter-rôles. Ce conflit apparaît lorsque les tensions engendrées par un rôle affectent ses performances dans l'autre rôle.

Dans ce sens, les conclusions de l'étude de Pleck et al. (1980) indiquent que les exigences physiques et psychologiques liées au travail sont à l'origine de différents types de conflits travail-famille. De plus, les difficultés liées au travail, le faible soutien du supérieur et l'absence de mesures facilitant l'articulation entre la famille et le travail peuvent accentuer ce conflit, qui peut se traduire par un « *débordement émotionnel négatif* » de la sphère professionnelle vers la sphère familiale, avec des effets négatifs sur cette dernière (Bartolomé & Evans, 1979).

Une autre forme de conflit travail-famille se rapporte à la compatibilité (ou l'incompatibilité) des comportements et attentes des différents rôles. Certains comportements propres à un rôle ne sont pas appropriés pour l'autre, et l'on attend d'un individu qu'il s'y conforme. Ainsi, les comportements des femmes conviendraient au rôle familial, où l'on attend des parents qu'ils soient chaleureux, attentifs, disponibles, empathiques. C'est d'ailleurs pour cette raison que les femmes sont parfois moins bien perçues dans la sphère professionnelle, spécialement dans les positions d'encadrement et de direction, où l'on attend des individus qu'ils soient autoritaires, combatifs, logiques, ce qui illustre le stéréotype de genre résumé par l'expression « *think manager, think male* » (Schein, 1976).

Par ailleurs, le conflit inter-rôle, ou l'articulation entre les exigences de la vie familiale et celles de la vie professionnelle, semble être problématique pour les cadres (Grodent & Tremblay, 2013), particulièrement les femmes (Garner et al., 2005). Ainsi, les différences de perception selon le sexe conduisent à des choix de carrière très contrastés qui façonnent différemment les trajectoires professionnelles des hommes et des femmes.

Pour certains chercheurs, la vie familiale impacte positivement la rémunération et la carrière des hommes cadres, qui sembleraient s'investir davantage dans leur carrière professionnelle. A contrario, les femmes accordent une importance marquée à la préservation d'une vie familiale harmonieuse parallèlement à leur carrière, ce qui les conduit à chercher en permanence un équilibre entre les deux sphères.

Cette tendance se confirme au moment de la maternité-paternité, où les hommes s'investissent de plus en plus dans leurs carrières sans remise en question, tandis que les femmes sont amenées à évaluer leurs choix professionnels en considérant leurs répercussions sur leur propre vie, sur celle de leur famille et sur leur bien-être.

Partant de là, et dans une perspective d'anticipation, les femmes orientent leur choix de carrière en tenant compte des autres rôles sociaux qui leur incombent, notamment d'épouse et de mère. Cette prise en compte de l'ensemble des rôles à remplir se traduit souvent par une autolimitation dans leurs choix professionnels, la partie se jouant à trois : ambition de carrière, conjoint-enfants et exigences de l'entreprise. Néanmoins, Laufer (2004) souligne que certaines femmes parviennent malgré tout à atteindre les plus hauts niveaux hiérarchiques, ce qui montre qu'elles autocensurent leurs aspirations. Cependant, ce succès s'accompagne fréquemment d'une « *mobilisation temporelle intense et une forte délégation des tâches domestiques et familiales* » (Landrieux-Kartochian, 2003).

C'est pourquoi Laufer (2004) conteste que l'on continue d'invoquer utiliser le conflit travail-famille et le « *choix des femmes pour la famille* » comme *alibi* pour expliquer les inégalités entre hommes et femmes, notamment en matière d'accès aux postes d'encadrement et de direction. Selon elle, les femmes sont de plus en plus nombreuses à faire une carrière tout en ayant des enfants. Elles choisissent désormais la carrière comme condition permettant d'avoir des enfants, plutôt que de devoir arbitrer entre carrière et maternité.

Par ailleurs, d'aucuns considèrent que le conflit entre la vie familiale et la vie professionnelle des femmes cadres ne leur laisse pas le temps de tisser des liens sociaux avec leurs collègues, ce qui limiterait leur accès aux réseaux susceptibles de dynamiser leurs carrières (Eagly & Carli, 2007a).

Chapitre 2. PANORAMA DE LA SITUATION SOCIOECONOMIQUE DE LA FEMME MAROCAINE

Les femmes marocaines ont toujours joué un rôle essentiel dans l'économie, bien que leur travail ait souvent été non rémunéré, notamment dans les exploitations agricoles familiales ou dans les secteurs informels. Cependant, les récentes transformations économiques, ainsi que l'évolution des structures familiales et l'accès des femmes à l'éducation et à la formation, ont profondément modifié leurs conditions de travail et d'emploi. Ces changements ont permis aux femmes d'élargir leurs opportunités professionnelles et de s'intégrer davantage dans le marché du travail formel.

Ce chapitre dresse un état des lieux des principales caractéristiques socioéconomiques des femmes marocaines, en se concentrant sur leur situation sur le marché du travail ainsi que sur leur accès à l'éducation. Dans un premier temps, nous analyserons les taux d'activité, d'emploi, de sous-emploi et de chômage des femmes, avant de nous intéresser à l'évolution de la scolarisation des filles et à leur accès à l'enseignement supérieur, des facteurs essentiels pour l'amélioration de leur employabilité.

Dans un second temps, nous examinerons les différentes formes de ségrégation sexuée sur le marché du travail, en abordant les inégalités d'accès aux secteurs professionnels, les obstacles à l'accès aux postes de responsabilité, ainsi que les disparités salariales entre hommes et femmes. Enfin, nous analyserons les principaux freins à l'accès des femmes au marché du travail, en mettant l'accent sur les stéréotypes de genre, les tensions entre vie familiale et professionnelle, ainsi que les pratiques discriminatoires au sein des entreprises.

Ce chapitre a pour objectif de fournir une vue d'ensemble des progrès réalisés par les femmes marocaines, tout en soulignant les défis qui demeurent pour leur pleine participation à la vie économique et professionnelle.

2.1 État des lieux de l'emploi, du chômage et de l'éducation des femmes au Maroc

2.1.1 Caractéristiques de l'activité et de l'emploi chez les femmes

Le marché de travail au Maroc a beaucoup évolué ces trente dernières années, notamment avec l'ouverture de l'économie et l'expansion des activités tertiaires, ce qui a engendré de nouvelles opportunités pour les femmes. Ainsi, la féminisation des actifs parmi la population âgée de quinze ans et plus a évolué pour atteindre 32,5% en 2013, avant de connaître un recul continu au cours de la dernière décennie, pour se situer à 22,1% en 2023. Le taux d'activité, quant à lui, est passé de 12% en 1982 à 30,4% en 1999, pour entamer lui aussi une tendance baissière depuis 2000, et atteindre 19,1% en 2023, contre respectivement 78,9%, 79,3% et 68,6%, pour les hommes (Figure 1).

Figure 1- Evolution du taux d'activité par sexe entre 2006 et 2024

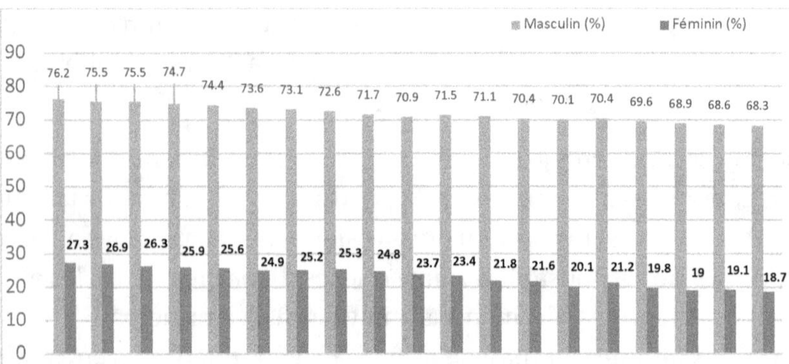

Notant au passage que cette tendance baissière du taux d'activité, sur vingt-cinq ans, était marquée par des oscillations plus importantes chez les femmes que chez les hommes, sur la première moitié des années 2000 (1999-2004), enregistrant une perte cumulée avoisinant cinq points en pourcentage entre 1999 et 2002, suivie d'une hausse de 2,5 points entre 2002 et 2003. A partir de 2004, nous observons une baisse régulière du taux d'activité aussi bien chez les hommes que chez les femmes, à un rythme qui ne dépasse pas généralement un point par an.

Cette baisse du taux d'activité féminin peut être expliquée par la vulnérabilité des femmes sur le marché du travail, d'une part, et l'accès croissant des filles à l'éducation, d'autre part. En effet, nous avons enregistré, sur la seule période allant de 2007-2008 à 2014-2015, une hausse de l'accès des filles à l'éducation de 11% pour l'ensemble des catégories (Primaire et secondaire).

Toutefois, au niveau national, ce constat reste disparate. Les données relatives au taux d'activité des femmes varient en fonction du lieu de résidence, de l'âge, de la situation matrimoniale et du niveau d'étude. Ainsi, en 2013, le taux d'activité des femmes dans le milieu rural était de l'ordre de 36,8%, soit un peu plus que le double du taux enregistré la même année en milieu urbain (17,5%), et ce quel que soit leur âge, leur qualification et leur situation matrimoniale. Une situation qui trouve son explication dans la nature des activités économiques largement différenciées entre le milieu urbain et le milieu rural.

En effet, les zones rurales offrent plus d'opportunités de travail, y compris pour les femmes. Néanmoins la quasi-totalité des emplois sont liés aux activités économiques primaires, principalement dans l'agriculture, ce qui explique le taux d'activité élevé de la femme rurale n'ayant aucune qualification, comparé à celui de la citadine ayant le même profile (respectivement 39,3% et 9,7%). Dans le même sens, la participation des citadines aux activités économiques est positivement corrélée au niveau de qualification. En 2013, cet écart entre le taux d'activité des femmes en milieu urbain et rural s'est réduit pour le niveau de qualification moyen (19% et 11,5%, respectivement), et s'inverse pour le niveau de qualification supérieur (35,5% chez les citadines contre 20,6% pour les femmes rurales).

Cette tendance se confirme pour les femmes âgées de 30 ans et plus et ce quel que soit le milieu de résidence, puisque leur taux d'activité s'élève à 61% contre 34,3% seulement pour les femmes âgées de 15 à 29 ans. Une situation qui s'explique, aussi bien chez les femmes que chez les hommes, par l'allongement de la scolarité due à l'amélioration en matière d'accès à l'éducation et la formation, en l'occurrence chez les 15-24 ans. Le taux d'activité chez les femmes de cette tranche d'âge a effectivement fortement baissé en quinze ans, en passant de 29,5% en 1999 à 17,2% en 2013. Toujours est-il que plus de la moitié des femmes actives âgées de 15 ans et plus, soit 58,9 % des femmes contre 32,9 % des hommes, n'ont aucun niveau scolaire.

Notons également que la participation des femmes aux activités économiques se fait selon un cycle professionnel relativement court par rapport à celui de leurs homologues masculins, puisque le taux d'activité des femmes pour les groupes d'âge 25-34 ans et 35-44 ans étaient respectivement 30,9% et 31,1%, et de seulement 11,7% des femmes âgées de plus 45 ans. En revanche, le taux d'activité des hommes âgés entre 15 et 24 ans s'élève à 47%, alors que les hommes âgés de 45 ans et plus affichent un taux d'activité de 35,5%. Cela indique que les femmes, comparées aux hommes, entrent sur le marché du travail plus tard et le quittent plus tôt que les hommes.

Au niveau régional et mondial (Figure 2), le Maroc affiche en 2024 l'un des taux d'activité féminins les plus bas. Ce taux est nettement en dessous de la moyenne de la région MENA (26,9%), et légèrement inférieur à celle du Monde arabe (19,7%). Comparé à certains pays arabes, le taux d'activité des femmes marocaines est supérieur à celui de l'Irak (10,8%), de l'Algérie (13,9%) et de la Jordanie (14,9%), mais reste bien inférieur à celui des pays du Golfe comme le Qatar (63,3%) ou les Émirats Arabes Unis (54,1%), où les taux élevés s'expliquent en grande partie par l'emploi massif de main-d'œuvre féminine étrangère.

La comparaison avec certains pays africains montre une situation similaire, avec des taux nettement plus élevés, comme le Sénégal (31,0%), l'Afrique du Sud (49,8%) ou encore le Nigéria (80,5%), soit plus de quatre fois le taux enregistré au Maroc.

Figure 2- Taux d'activité féminin par pays[2] (2024)

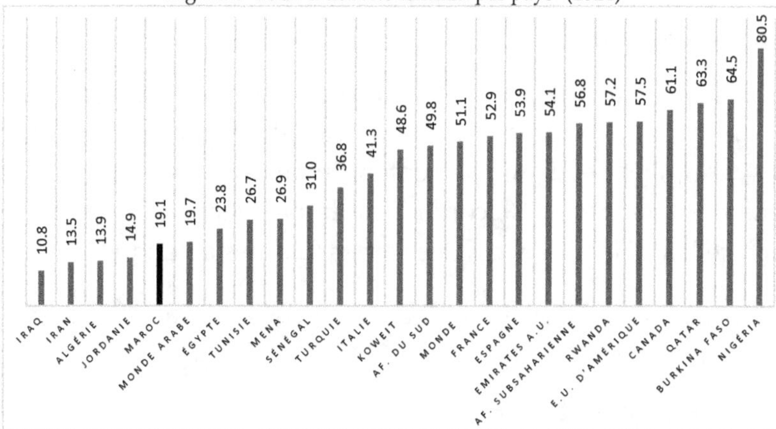

Par ailleurs, la participation des femmes au marché du travail demeure particulièrement faible au Maroc. À l'instar du taux d'activité féminin, le taux d'emploi des femmes âgées de 15 ans et plus reste limité et s'établit à 15,3% en 2024, contre 22,7% en 2013. Ce niveau est près de quatre fois inférieur à celui observé pour la population masculine, qui atteint 60,7%. De même, le taux de féminisation de l'emploi ne dépasse pas 20,6% en 2024, alors qu'il s'élevait à 29,2% en 1999, ce qui atteste d'un recul notable de la contribution des femmes à l'ensemble des emplois.

La tendance générale est marquée par une baisse du taux d'emploi chez les deux sexes. Celui des femmes est passé de 23,4% en 2010 à 16,4% en 2022, tandis que celui des hommes a reculé de 68 % à 62,4% sur la même période.

Ces disparités s'accentuent lorsqu'on examine le taux d'emploi selon l'âge, le niveau d'instruction, la situation matrimoniale et le milieu de résidence. En milieu rural, les femmes étaient 2,5 fois plus nombreuses à occuper un emploi en 2010 que les citadines, avec des taux respectifs de 36,2% et 13,9%. En 2022, bien que l'écart se soit réduit, il demeure significatif et atteint 21,9% pour les femmes

---

2 Source : données basées sur des estimations modélisées par le Bureau International du Travail (BIT)

rurales, contre 13,7% pour celles résidant en milieu urbain, soit un rapport d'environ 1,5.

L'analyse par tranche d'âge révèle également une faible intégration des jeunes femmes sur le marché du travail (Figure 3). Les femmes âgées de moins de 25 ans présentent le taux d'emploi le plus bas, qui ne dépasse pas 6,5%, confirmant la persistance de contraintes structurelles freinant l'accès des jeunes femmes à l'emploi.

Figure 3 - Taux d'emploi de selon le sexe et la tanche d'âge (2010 et 2022)

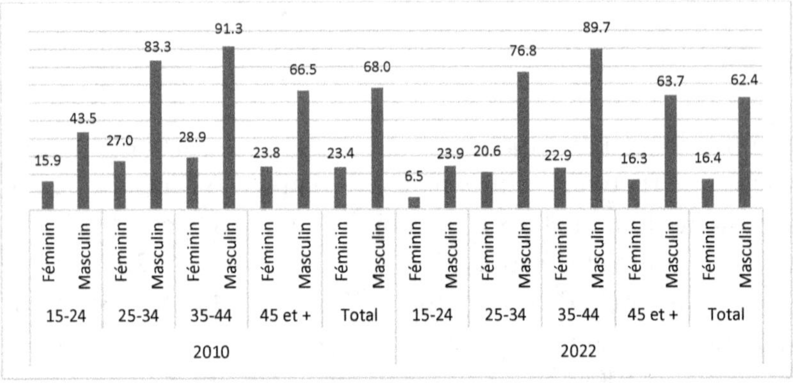

En 2022, les femmes disposant d'un niveau de qualification supérieur enregistrent le taux d'emploi le plus élevé parmi l'ensemble des catégories féminines, avec 28,7%, contre 39,2% en 2010. Ce taux demeure toutefois presque deux fois inférieur à celui des hommes du même niveau, qui atteint 53,4% (contre 64,1% en 2010). Les femmes titulaires d'un diplôme de niveau moyen présentent, quant à elles, un taux d'emploi particulièrement faible, limité à 10,3%, alors que les hommes de niveau similaire affichent 54,8%, soit cinq fois plus.

Il apparaît, par ailleurs, que la relation entre niveau de qualification et emploi féminin est nettement plus marquée en milieu urbain. En 2022, seules 9,7% des femmes citadines non diplômées occupent un emploi, contre 25,8% de leurs homologues rurales. Pour les femmes ayant un niveau de qualification moyen, le taux d'emploi urbain affiche un taux de 10,5% contre 15,8% chez la catégorie en milieu rural.

À l'inverse, parmi les femmes disposant d'un niveau de qualification supérieur, la situation se renverse. En effet, 29,6% des citadines sont en emploi (contre 53,7% des hommes), alors que cette proportion chute à 15,8% chez les femmes rurales. Ces résultats confirment que le milieu de résidence module fortement l'effet du niveau d'instruction sur l'accès à l'emploi des femmes, et que l'avantage conféré par les diplômes se manifeste principalement dans les zones urbaines.

Par ailleurs, ce décalage entre les citadines et les paysannes notamment en matière d'accès à l'éducation et à l'emploi, n'est pas sans conséquence sur leur répartition dans les différents secteurs d'activité et sur le taux de féminisations des différentes professions.

Ainsi, l'activité *agriculture, forêt et pêches* constitue le secteur qui emploie le plus de femmes au niveau national avec un taux de 41,5%, suivi par le secteur des *services* qui emploie 43,1% de femmes avec des taux de féminisation d'emploi de 30,1% et 19,3% respectivement. Le secteur de l'*industrie* emploie 14,7% des femmes actives occupées, avec un taux de féminisation de 26,1% en 2022. Quant au secteur des *BTP,* il demeure le secteur le moins féminisé avec un taux de 1,2%, ce qui en fait le secteur le moins ouvert à l'emploi des femmes.

Une décomposition de la répartition des actives occupées par profession (Figure 4) montre qu'au niveau national en 2022, un peu plus d'une femme active occupée sur trois exerce un emploi dans la catégorie des ouvrières ou manœuvres agricoles ou de la pêche, soit 34,6%, contre 48,2% en 2012. Cette diminution significative traduit un retrait progressif des femmes des activités agricoles au profit de secteurs plus diversifiés et souvent plus qualifiés. Cette évolution se confirme à l'examen des catégories professionnelles supérieures. En effet, la part des femmes occupant des postes de responsabilité connaît une hausse remarquable, passant de 2,5% à 9,2% entre 2012 et 2022, alors que celle des hommes n'augmente que marginalement, de 2,7% à 4%. Ce dynamisme féminin dans l'accès aux fonctions d'encadrement témoigne d'une montée en qualification et d'une meilleure insertion dans des activités à forte valeur ajoutée. Une tendance similaire s'observe dans la catégorie des employés, où la proportion de femmes progresse de 7,8% à

13,2%, soit une augmentation de plus de cinq points, contre une évolution plus modérée chez les hommes, de 9,1% à 11,7%.

Figure 4 - Répartition de la population active occupée selon le sexe et la profession

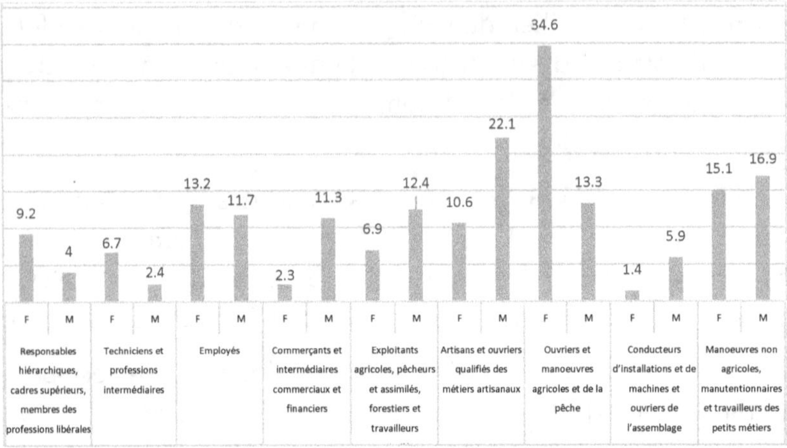

Ainsi, la structure professionnelle des femmes actives apparaît en profond renouvellement, marquée par un recul du poids des emplois agricoles et une progression notable vers des emplois plus formels, qualifiés ou semi-qualifiés, alors que celle des hommes évolue de manière plus stable au fil de la période considérée.

2.1.2 Le sous-emploi et le chômage chez les femmes

Comme nous avons vu plus haut, le taux d'emploi des femmes actives âgées de 15 ans et plus est indéniablement inférieur à celui des hommes, et ce quel que soit le milieu de résidence, l'âge, la situation matrimoniale et le niveau de qualification. Outre ces disparités selon les caractéristiques socioprofessionnelles, les femmes apparaissent davantage exposées au chômage, mais relativement moins concernées par le sous-emploi que les hommes.

En effet, en 2024 le taux de sous-emploi des actifs âgés de 15 et plus était de l'ordre de 10,1%. Les hommes sont les plus touchés par ce phénomène, avec un taux de 11,2% contre seulement 6% pour les femmes. Cette moindre exposition au sous-emploi s'explique, entre autres, par la faible participation des femmes au marché du travail. De plus, face à la précarité ou à l'instabilité des emplois, nombre d'entre elles tendent à se retirer du marché du travail plutôt que d'accepter des emplois à temps partiel ou saisonniers, ce qui contribue à réduire artificiellement le taux de sous-emploi féminin tout en masquant une inactivité contrainte.

Soulignons toutefois que, chez les femmes, ce phénomène touche particulièrement les citadines, qui représentent 65,9% des femmes actives sous-employées à l'échelle nationale. Les principales tranches d'âge concernées sont les 35-44 ans, avec un taux de 28,1%, suivies des 15-24 ans et des 25-29 ans, avec des taux respectifs de 21,8% et 20,5%.

Les citadines non-diplômées et ayant un certificat de l'enseignement fondamental affichent des taux de sous-emploi plus élevés que les femmes en milieu rural (respectivement 9,3% et 8,1% contre 2,3% et 3,7%). A l'opposé, les diplômées de l'enseignement supérieur en milieu rural sont six fois plus affectées par le sous-emploi que les citadines, avec un taux de 46,2% contre seulement 7,7%. La même tendance est observée chez la catégorie des diplômées en qualification professionnelle et les diplômées de l'enseignement secondaire, qui enregistrent un taux trois fois plus élevé en milieu rural par rapport au milieu urbain, pour la première catégorie, et deux fois plus élevé pour la seconde.

Par ailleurs, en ce qui est du chômage, les chiffres montrent que les femmes sont plus touchées par ce fléau que les hommes. Au niveau national, le taux de chômage parmi les actifs âgés de 15 ans et plus s'établit en 2024 à 13,3%, avec un taux de 19,5% pour les femmes contre 11,6% pour les hommes. Deux aspects caractérisent particulièrement le chômage féminin ; d'une part, un chômage juvénile touchant davantage les femmes de 15 à 24 ans, et d'autre part, un chômage intellectuel qui affecte de manière prononcée les femmes diplômées.

En 2024, le chômage touche particulièrement les jeunes au niveau national, avec un taux de 36,7% pour la tranche d'âge 15-24 ans et de 21% pour celle des 25-34 ans, des niveaux qui affectent plus fortement les femmes. En effet, si pour les personnes âgées de 45 ans et plus, le taux de chômage reste faible et avoisine 4% pour les deux sexes, les écarts entre femmes et hommes deviennent nettement marqués dans les autres tranches d'âge. Ainsi, parmi les

25-34 ans, le taux de chômage atteint 29,6% chez les femmes contre 18,2% chez les hommes, soit un écart de +11,4 points. Cet écart est encore plus important chez les jeunes (15-24 ans), où le chômage féminin s'élève à 50,2% contre 31,9% chez les hommes, soit un différentiel de 18,3 points.

Ainsi, il apparaît (Figure 5) que plus le niveau de qualification augmente, plus l'insertion des femmes sur le marché du travail devient difficile. Leur taux de chômage passe de 4,9% chez les non-diplômées à 24% pour les diplômées de niveau moyen, puis à 33,3% pour celles du supérieur. Chez les hommes, le taux de chômage des non-diplômés, légèrement supérieur à celui des femmes, est resté pratiquement stable depuis vingt ans, alors que celui des femmes a nettement progressé sur la même période.

Figure 5 - Taux de chômage annuel selon le sexe et le diplôme

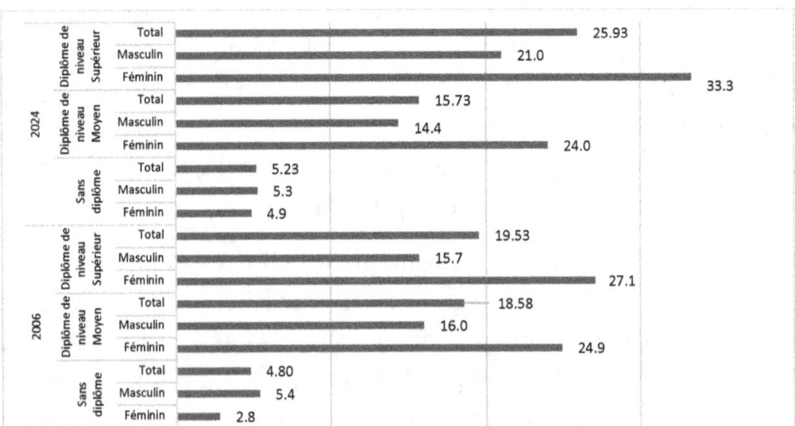

Cette tendance à la hausse se retrouve également chez les diplômés du supérieur, tout en maintenant un écart relativement constant d'un peu plus de 12 points entre les sexes sur la période 2006-2024, ce qui souligne la persistance des déséquilibres et confirme que la situation reste défavorable aux femmes sur le marché du travail, quel que soit leur niveau de qualification.

En outre, le chômage de longue durée au Maroc présente des différences significatives entre les sexes, avec 66,1% des hommes et 73,5% des femmes concernés, quel que soit le niveau de diplôme. Selon le HCP, en 2022, les femmes sans diplôme sont légèrement plus touchées que les hommes (46,7% contre 44,7%), bien que l'écart reste faible. En revanche, parmi les personnes ayant un niveau de qualification moyen, l'écart se creuse nettement : 72,1% des femmes sont au chômage de longue durée contre 66,1% des hommes, ce qui souligne que, même avec un niveau intermédiaire de qualification, les femmes rencontrent davantage de difficultés pour retrouver un emploi.

Pour les diplômés de l'enseignement supérieur, le chômage de longue durée touche fortement les deux sexes, avec des taux très élevés et quasi identiques. Pour la première fois depuis plus de vingt ans, le taux des femmes est légèrement inférieur à celui des hommes (78,3% contre 78,6%). Il est à noter que ce taux est resté pratiquement stable pour les hommes entre 2012 et 2022, tandis que celui des femmes a enregistré une baisse de près de cinq points par rapport à 2012.

2.1.3 L'accès des femmes à l'éducation

L'une des explications des disparités entre le taux d'activité des femmes et celui des hommes est indéniablement, les inégalités en matière d'accès à l'éducation et la formation des uns et des autres. Or, la généralisation de l'accès des femmes à l'éducation constitue un levier du développement socioéconomique pour le Maroc, ce qui a poussé les pouvoirs publics à faire de l'éducation-formation une priorité nationale.

Néanmoins, malgré les efforts déployés ces dernières années et la tendance baissière enregistrée, le taux d'analphabétisme au Maroc reste parmi les plus élevés en Afrique. Selon le HCP, ce taux s'élève à 24,9% en 2024, contre 32% il y a dix ans. Les données révèlent des disparités entre les zones de résidence (17,3% en milieu urbain contre 38% en milieu rural) et entre les sexes, puisque ce phénomène touche particulièrement les femmes avec un taux de 32,4% en 2024 (41,9% en 2014) contre 17,2% chez les hommes (22,1% en 2014). Ainsi, le Maroc affiche le taux d'analphabétisme féminin le plus élevé parmi ceux enregistrés dans les autres pays du Maghreb, puisque les femmes algériennes affichent un taux d'analphabétisme de 25,8%, les tunisiennes 21,7%, et enfin les femmes libyennes 17%.

Outre ses efforts pour faire face aux inégalités, entre les deux sexes, en matière d'accès à l'alphabétisation, le Maroc a également entamé des réformes du système éducatif afin d'améliorer sa qualité et supprimer les inégalités entre les filles et les garçons en matière d'accès à la scolarisation et à l'enseignement supérieur. D'autant plus que la décision des femmes d'entrer ou non sur le marché du travail est désormais largement influencée par leur accès à l'éducation et le niveau de qualification, qui constituent pour elles un levier essentiel pour soutenir leur développement personnel et leur capacité à envisager un avenir au-delà des rôles traditionnellement assignés.

A. De l'éducation et de la scolarisation

Les efforts consentis par le Maroc au cours des vingt-cinq dernières années pour généraliser l'accès à l'éducation et améliorer la qualité du système éducatif, ont donné des résultats très encourageant, ne serait-ce que sur le plan quantitatif. Sur le plan qualitatif, le système éducatif au Maroc présente beaucoup de lacunes et de dysfonctionnements.

En effet, l'analyse des données et des indicateurs publiés par le Ministère de l'Education Nationale dans différents rapports, montre une nette amélioration sur le plan quantitatif, tous niveaux confondus.

Ainsi, le taux spécifique de scolarisation pour les enfants âgés de 6 à 11 ans, a enregistré une croissance annuelle moyenne de 2,6% sur la période 1990-2016, pour atteindre 95,9% pour l'année scolaire 2015-2016 contre 52,2% seulement en 1990-1991. Ce taux montre que l'objectif du *programme d'urgence* entamé par le Maroc, quelques années auparavant pour atteindre le taux 95% d'enfants, âgés de 6 à 11 ans, scolarisés au *Primaire,* a été est atteint.

Cette volonté de généralisation de la scolarisation des enfants s'est accompagnée d'efforts soutenus pour réduire l'écart entre les filles et les garçons. Ainsi, le taux spécifique de scolarisation des filles âgées de 6 à 11 ans au primaire a atteint 98,5% en 2023-2024, contre 99% pour les garçons. Cette progression est particulièrement marquée en milieu rural, où le taux de scolarisation des filles est passé de 90% en 2014 à 95,1% en 2024. Dans ce contexte, l'écart entre les sexes tend à se réduire de manière constante, puisque les filles représentent désormais 49% des élèves inscrits au primaire, reflétant une quasi-parité et montrant que l'égalité entre filles et garçons dans l'accès à l'éducation est en marche.

S'agissant de l'enseignement secondaire collégial, pour les enfants des deux sexes âgés de 12-14 ans, le taux spécifique de scolarisation est passé à 92,8% en 2024, contre 42,2% en 1990-1991. Pour les filles, ce taux est de 92,1%, contre 93,4% pour les garçons, traduisant une quasi-parité entre les sexes. Le taux de féminisation des effectifs des élèves scolarisés dans le secondaire collégial reste similaire aux années précédentes, de l'ordre de 45,2%, soit une hausse de moins d'un demi-point de pourcentage par rapport à 2006-2007.

Enfin, pour les élèves âgés de 15 à 17 ans, la progression demeure spectaculaire. En un peu plus de trois décennies, le taux spécifique de scolarisation est passé de 31% en 1990 à 75,5% en 2022, soit une progression de plus du double. Un fait particulier est que le taux observé en 2022 présente une parité parfaite entre les sexes, filles et garçons affichant exactement le même niveau de scolarisation. Cette égalité masque toutefois des trajectoires différentes, puisque le taux des filles a augmenté de plus de 22,3 points de pourcentage, alors que celui des garçons n'a progressé que de 12,2 points entre 2012 et 2022.

Parallèlement aux avancées en matière d'accès à l'éducation, l'Indice de Parité entre les Sexes (IPS), qui mesure le nombre de filles scolarisées pour 100 garçons, révèle une dynamique durable vers une égalité quasi parfaite, particulièrement marquée en milieu urbain. Cette évolution en faveur de la parité s'est progressivement consolidée au cours des deux dernières décennies. Les indicateurs d'équité et d'égalité des chances montrent en effet une amélioration continue. En 2022, la parité entre filles et garçons, évaluée à travers le taux de scolarisation par âge spécifique, est pleinement réalisée au préscolaire, au primaire et au secondaire qualifiant. Au niveau du secondaire collégial, l'IPS atteint 0,97, témoignant d'un équilibre presque complet. Enfin, lorsque l'on considère les taux nets de scolarisation, la parité est également confirmée pour l'ensemble des trois cycles d'enseignement.

Dans le même sillage, résultats des politiques nationales pour la promotion des filières scientifiques, les données les plus récentes montrent une forte participation des filles dans ces filières. En effet, dans la filière Sciences, les filles représentent 53,9% de l'effectif total, légèrement au-dessus de la moyenne générale, ce qui témoigne de leur succès et de leur intérêt croissant pour ces disciplines. De même, dans la filière Technologies, leur proportion atteint 5,1%, légèrement supérieure à celle de l'ensemble des élèves (4,8%), ce qui illustre un petit avantage en faveur des filles dans cette filière spécifique. Tandis que dans les Lettres et sciences humaines, leur part (40,3%) est légèrement inférieure à celle de l'ensemble (40,7%). Ces chiffres montrent non seulement l'essor des filles dans les filières scientifiques et technologiques, mais aussi une quasi-parité dans les autres disciplines, reflétant une tendance générale à l'égalité des sexes dans le choix des filières.

Ainsi, les efforts consentis par le Maroc pour l'amélioration de la scolarisation primaire et secondaire (collégial et qualifiant), et de l'instauration de l'égalité entre les filles et les garçons, ont donné des résultats et des avancées tangibles, particulièrement sur le plan quantitatif. Les filles sont désormais instruites au même titre que les garçons, avec deux principales tendances, l'une a trait à l'amélioration de l'accès des filles à l'éducation au même titre que les garçons comme le montre les indicateurs notamment l'IPS ; l'autre relative aux orientations des filles vers les filières scientifiques et technologiques, puisqu'elles y sont de plus en plus nombreuses et leurs effectifs dépassent même ceux des garçons.

Cette amélioration de leur scolarisation se traduit par un accès de plus en plus des filles à l'enseignement supérieur. Elles y sont désormais très nombreuses et s'orientent de plus en plus vers des filières scientifiques et/ou de gestion, pour espérer décrocher des diplômes susceptibles de leur faciliter l'accès au marché du travail.

B. Féminisation de l'enseignement supérieur

Selon les données du ministère de l'Enseignement supérieur, pour l'année universitaire 2024-2025, le nombre total d'inscrits dans l'enseignement supérieur, toutes filières et niveaux confondus, atteint 1 102 364 étudiants, dont 618 116 étudiantes. Le taux de féminisation s'établit ainsi à 56,07%, confirmant une tendance observée depuis plus de deux décennies. Pour 2024-2025, cette dynamique se renforce encore, avec un taux de féminisation des nouveaux inscrits atteignant 56,72%.

Il convient de souligner que les femmes sont proportionnellement plus nombreuses que les hommes dans les filières à accès régulé, où le taux de féminisation atteint 62,24% en 2024-2025. Ce niveau dépasse largement celui observé dans les formations à accès ouvert (54,73%), montrant ainsi que leur forte présence dans l'enseignement supérieur ne relève ni du hasard ni d'un simple effet d'ouverture des inscriptions. Elle témoigne au contraire de leur capacité à accéder et à réussir dans les filières les plus sélectives.

Cette tendance se retrouve également dans les résultats académiques. En 2023-2024, les filières à accès régulé présentent un taux de féminisation des diplômés de 61,74 %, légèrement supérieur à celui enregistré dans les filières à accès libre (60,64%). Ces écarts confirment la place importante et affirmée des femmes dans les parcours les plus exigeants.

L'examen des données récentes[3] concernant les nouveaux inscrits dans les différentes filières de l'enseignement supérieur (Figure 6) montre que les filles investissent désormais des domaines historiquement masculins, souvent considérés comme emblématiques de la socialisation de genre traditionnelle. Cette dynamique se manifeste de manière particulièrement marquante dans les filières scientifiques et techniques dans leur ensemble, avec un taux de féminisation de 63,0% en Sciences et Techniques, 58,4% en Sciences, 57,6% en Technologie et 48,1% en Sciences de l'ingénieur.

[3] Année universitaire 2024-2025

La féminisation de ces filières illustre parfaitement le paradoxe du genre puisque dans des sociétés aux normes familiales et sociales fortement marquées, les femmes se dirigent massivement vers des secteurs techniques et scientifiques de haut niveau, défiant les attentes socio-culturelles et transformant profondément l'orientation académique féminine vers des disciplines historiquement réservées aux hommes.

Figure 6 - Taux de féminisation des effectifs des nouveaux inscrits par domaine d'études

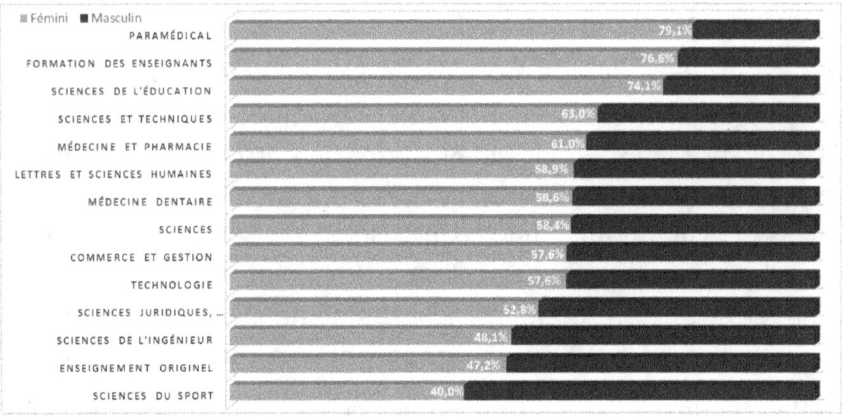

Le même constat s'impose dans les filières médicales qui affichent également des taux de féminisation élevés, avec 61,0% en Médecine et Pharmacie et 58,6% en Médecine dentaire, consolidant la présence féminine dans des secteurs porteurs de prestige académique et professionnel.

Les domaines relevant des sciences sociales présentent des niveaux de féminisation significatifs, avec 52,8% en Sciences juridiques, économiques et sociales, 58,9% en Lettres et Sciences humaines et 57,6% en Commerce et Gestion, ce qui confirme une présence féminine historiquement forte, désormais stabilisée à des seuils légèrement en faveur des femmes.

L'évolution la plus inattendue concerne le domaine religieux. Dans la filière de l'Enseignement originel, longtemps réservée aux garçons dans un pays aux structures sociales patriarcales, le taux de féminisation atteint 47,2%. Cette quasi-parité marque une rupture avec les normes établies et témoigne d'un accès désormais plus large des femmes au savoir religieux, historiquement monopolisé par les hommes.

Enfin, la féminisation est encore plus marquée dans les métiers de l'éducation et du soin, avec 74,1% en Sciences de l'éducation et 76,6% en Formation des enseignants, ce qui confirme la persistance d'une division genrée dans les métiers du *care* tout en illustrant la capacité des femmes à concilier recherche de carrière et contraintes sociales liées à la famille et au travail

Par ailleurs, malgré l'amélioration de la scolarisation des filles, et de la féminisation accrue des effectifs et des diplômés de l'enseignement supérieur, toutes filières confondues, la présence des femmes sur le marché de travail reste largement inférieure à celle des hommes, avec un certain nombre d'inégalités, aussi bien au niveau du recrutement et l'affectation, que de la rémunération et de l'évolution de carrière.

Cette situation a incité les pouvoirs publics à lancer un vaste chantier de réformes juridiques et législatives, et d'adopter un certains nombres de stratégies publiques afin de promouvoir et institutionnaliser l'égalité homme-femme, notamment dans le milieu professionnel.

2.2 La ségrégation sexuée du marché du travail au Maroc

L'étude de l'emploi féminin au Maroc implique non seulement l'examen des taux de participation, mais aussi l'analyse de la répartition différenciée des hommes et des femmes sur le marché de l'emploi, ainsi que la place des femmes dans les différentes fonctions et niveaux hiérarchiques. Les données montrent que, malgré une participation accrue au marché du travail, les femmes restent concentrées dans certaines fonctions et à des niveaux hiérarchiques généralement moins élevés que ceux occupés par les hommes. Elles sont également surreprésentées dans certains secteurs ou filières d'activité économique et beaucoup moins présentes dans d'autres, notamment ceux historiquement considérés comme masculins.

Par ailleurs, malgré les réformes juridiques et les avancées politiques, la situation professionnelle des femmes marocaines demeure marquée par des pratiques discriminatoires, qu'il s'agisse du recrutement, de l'évaluation de la performance, de la formation, de la promotion, de la rémunération, de la conciliation travail-famille ou du harcèlement sexuel. Ces inégalités se traduisent par une double ségrégation — horizontale et verticale — ainsi que par une discrimination salariale persistante.

2.2.1 Ségrégation horizontale :

La ségrégation horizontale se définit par la concentration des femmes dans certains secteurs d'activité ou certaines fonctions, souvent qualifiés de « métiers de femmes ». Elle traduit le fait que, dans le monde professionnel, les femmes sont cantonnées à des secteurs fortement féminisés, tandis que d'autres restent largement dominés par les hommes. Au Maroc, cette forme de ségrégation est particulièrement marquée, avec une forte concentration de la main-d'œuvre féminine dans l'agriculture et les services sociaux, tandis que l'industrie et les métiers techniques restent majoritairement masculins.

Les résultats de l'étude de Chicha (2013), présentée dans un document de travail du BIT, montre l'existence d'une ségrégation horizontale au Maroc, notamment du fait de la concentration de la main d'œuvre féminine dans un nombre important de secteurs d'activités économiques. En effet, comme nous l'avons vu plus haut, en 2014, un peu plus de 60% de la main d'œuvre féminine est concentrée dans les activités agricoles, ce qui constitue l'un des taux les plus élevé au monde, dépassant largement la moyenne de la région MENA (42%), l'Europe et l'Asie centrale (15%), les pays à revenus élevés[4] dont le taux ne dépasse pas 3%. Quant aux secteurs des services et de l'industrie, les marocaines qui y travaillent ne dépassent pas 27,9% et 11,3%, respectivement. A contrario, la main d'œuvre masculine est répartie de façon équilibrée sur les trois secteurs d'activités économiques, avec une légère avance pour le secteur des services qui concentre 44,2% de cette main d'œuvre.

Cette situation se traduit, pour les femmes, par un resserrement notable des possibilités professionnelles auxquelles elles peuvent

[4] Source : Banque Mondiale

effectivement accéder. Leur présence demeure concentrée dans des secteurs caractérisés par une forte intensité de main-d'œuvre peu qualifiée, tels que le textile-confection, le tissage et la fabrication artisanale de tapis, la broderie, la couture à domicile ou encore l'habillement traditionnel. De plus, une telle polarisation s'observe également dans les services d'entretien, notamment les emplois domestiques et les travaux ménagers — qui continuent de constituer un débouché privilégié, voire structurel, pour une large partie de la main-d'œuvre féminine.

Ainsi, même si les données officielles détaillées font défaut, il n'en reste pas moins que les statistiques confirment la tendance vers la concentration de la main d'œuvre féminine dans des secteurs et des branches d'activité peu valorisées et valorisantes avec des emplois précaires. Notant toutefois que certaines activités, jadis réservées aux hommes, ont vu l'arrivée en masse de la main d'œuvre féminine, et enregistrent des taux de féminisation de plus en plus élevés.

Cependant, quelles que soient leur formation ou leur qualification, les femmes restent néanmoins cantonnées dans certaines branches et fonctions considérées comme nécessitant des compétences ou des qualités "féminines". Elles y occupent des responsabilités généralement plus limitées que celles de leurs homologues masculins et supervisent des équipes de taille réduite. Cette sous-représentation est particulièrement marquée dans les postes exigeant des qualifications élevées, notamment les fonctions d'encadrement, où la présence féminine se limite souvent aux domaines des ressources humaines, de la communication ou d'autres fonctions administratives.

À notre connaissance, la ségrégation horizontale discriminant les femmes dans les entreprises marocaines, n'a fait l'objet d'aucune étude approfondie, et nous ne disposons d'aucune information sur le sujet, surtout dans le secteur privé. En revanche, dans la Fonction Publique, les femmes fonctionnaires sont plutôt concentrées dans certains ministères à caractère social et dont les domaines de compétences sont traditionnellement considérés comme étant féminins. Il s'agit des Ministères de la Santé, de la Justice, de l'Education Nationale, de l'Economie Sociale et de l'Artisanat, de l'Habitat, ou encore de la Solidarité de la Femme, de La Famille et du Développement Social, où les taux de présence des femmes sont égaux ou dépassent légèrement ceux des hommes.

Une analyse détaillée de la structure de l'effectif de la fonction publique au Maroc montre que, malgré une progression de la féminisation, les femmes restent sous-représentées aux postes à responsabilité. En 2014, le Ministère de la Santé enregistrait le taux de féminisation le plus élevé avec 58,2%, suivi par le Ministère de la Justice et des Libertés et le Ministère de l'Éducation Nationale, respectivement à 44,1% et 39,9%, tandis que le Ministère de l'Intérieur affichait le taux le plus bas ne dépassant pas 11,3%. À cette époque, le Ministère de l'Éducation Nationale concentrant un peu plus de la moitié des femmes fonctionnaires, soit 58,9%, illustrant la polarisation du personnel féminin dans certains départements.

À la fin de 2023, le taux de féminisation global dans les administrations publiques atteignait 36,4%, confirmant la sous-représentation persistante des femmes, notamment aux postes de direction où elles ne détiennent que 13,1% des postes. Certains ministères continuent toutefois d'afficher des taux élevés à l'image du ministère de la Santé et de la Protection sociale qui compte 66,3% de femmes, suivi du ministère de la Justice avec 49%, et du ministère de l'Éducation nationale, du Préscolaire et des Sports avec 40,6%. Ces chiffres confirment que, malgré une évolution positive, la concentration des femmes dans quelques ministères clés reste notable, avec près de 91% de l'effectif féminin réparti entre six départements, dont l'Éducation Nationale et la Santé, qui concentrent à eux seuls 69,4% de ce personnel.

Ainsi, si certaines évolutions positives sont observables depuis 2014, la Fonction Publique demeure majoritairement masculine. Les femmes continuent d'être concentrées dans des ministères spécifiques et demeurent sous-représentées aux postes de responsabilité, malgré le fait que la carrière publique soit souvent présentée comme favorable aux femmes en raison de sa flexibilité, de ses horaires aménageables et de la sécurité de l'emploi.

2.2.2 Ségrégation verticale :

La ségrégation verticale désigne la sous-représentation des femmes à certains niveaux hiérarchiques, indépendamment du secteur d'activité. Les études montrent que, malgré des progrès dans l'accès des femmes à l'enseignement supérieur et aux formations qualifiantes, ainsi que leur présence croissante dans des fonctions de cadre, leurs possibilités d'atteindre des positions hiérarchiques élevées restent très limitées, tant dans le secteur public que dans le secteur privé.

À la fin de 2023, la sous-représentation des femmes aux postes de direction au sein de la fonction publique reste manifeste, avec seulement 13,1% de ces postes occupés par des femmes. Leur accès aux postes de responsabilité demeure limité, représentant 14,5% des postes de directeur ou équivalent, 12,5% parmi les inspecteurs généraux et 15,4% parmi les commissaires généraux, tandis que les fonctions de secrétaire générale et de doyenne affichent une présence féminine très faible, à hauteur de 0,6%.

La répartition par niveau de service révèle des disparités importantes. Au niveau central, les hommes occupent 69% des postes de responsabilité, tandis que la représentation féminine atteint 17% parmi les emplois supérieurs, 22% parmi les chefs de division et 37% parmi les chefs de service. Dans les services déconcentrés, la présence des femmes aux postes de responsabilité est légèrement supérieure, s'élevant à 18%.

Par ailleurs, la situation des cadres femmes dirigeantes dans le secteur privé ne semble pas être mieux que celles de ses consœurs du secteur public. L'enquête réalisée[5] conjointement par le quotidien *L'Economiste* et le cabinet de conseil *Sunergia,* montre que les femmes n'occupent que 9% des postes de PDG et 10% des postes de Directeur Général. Elles sont également largement sous-représentées dans les directions de certaines fonctions, comme le montre le graphique ci-dessous (Figure 7).

[5] Les documents de l'Economiste, Salaire des cadres, n°1, Décembre 2012

Figure 7 - Représentation des femmes dans les différentes fonctions des entreprises

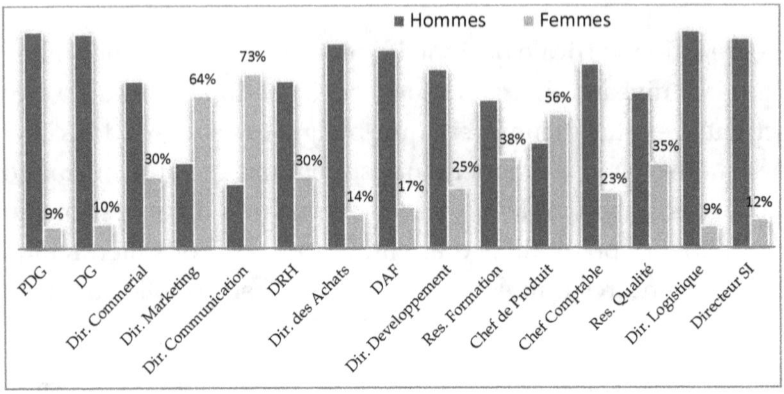

Ainsi, elles sont seulement 9% à occuper les postes de Directeur Logistique, 12% des postes de Directeur Système Information (SI), et 14% des postes de Directeur des Achats. Elles sont, en revanche, surreprésentées dans certaines fonctions, traditionnellement perçues comme féminines, en l'occurrence la Communication et le Marketing, dont elles occupent, respectivement 73% et 64% des postes de direction.

Cette tendance se confirme par les résultats d'une autre étude réalisée, en 2013, par le cabinet *LSM-CSA* pour le compte du Ministère des Affaires Générales et de la Gouvernance. L'étude portait sur la féminisation des organes de gouvernance dans les grandes entreprises, dont l'échantillon s'est constitué de 145 (76 cotées en bourse, plus 37 entreprises publiques à caractère marchand) parmi les 500 plus grandes entreprises marocaines.

Les conclusions confirment une présence très limitée des femmes au sein des instances de gouvernance des entreprises, particulièrement chez les entreprises publiques à caractère marchand, ainsi que les entreprises privées non-cotées en bourse, puisqu'elles affichent des taux de féminisations de leurs administrateurs de l'ordre 5% et 7% respectivement. Néanmoins, il semblerait que l'introduction en bourse favorise ou plutôt facilite l'accès des femmes à l'état-major de ces entreprises, puisque le taux de féminisation de leurs administrateurs atteint 11%, soit un plus du double par rapport aux entreprises publiques de l'échantillon.

Dans le même sens, comme le montre le graphique ci-dessous (Figure 8), plus de la moitié des entreprises sur l'ensemble de l'échantillon n'ont aucune présence féminine dans leurs instances de gouvernances et 46% des entreprises cotées en bourse y comptent moins de femmes. Ce pourcentage tombe à 41% et 38% respectivement pour les entreprises publiques à vocation marchande et les entreprises non cotées. Ce pourcentage chute considérablement lorsque l'on s'intéresse aux entreprises comptant plus de 3 femmes dans leurs états-majors, et ne dépasse guère 4% pour les entreprises, qu'elles soient cotées en bourse ou non, contre seulement 3% pour celles publiques à caractère marchand.

Figure 8 - Représentation des femmes dans les instances de gouvernance des grandes entreprises marocaines

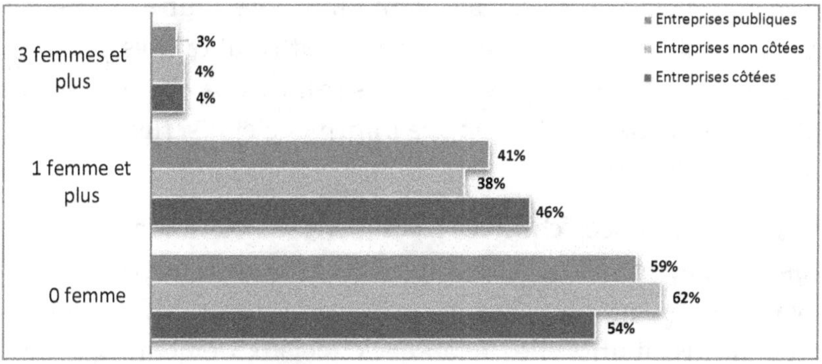

Certes les résultats de l'étude révèlent, peu ou prou, une présence féminine dans les instances de gouvernance des entreprises cotées en bourse plus importante que le reste de l'échantillon. Néanmoins, nous annotons ce constat d'un bémol puisque cette présence féminine, est particulièrement plus élevée parmi celles ayant un « actionnariat familial » avec des « femmes actionnaires » jouant un rôle actif dans la gouvernance de l'entreprise familiale.

Selon les conclusions de cette étude, cette sous-représentation des femmes au niveau des instances de gouvernance est due à l'existence de plusieurs zones de blocage qui persistent tout au long de leur carrière, et qui se renforcent au fur et à mesure que l'on passe des postes de *middle management* au *top management,* et davantage lorsqu'il s'agit d'un probable passage aux instances de gouvernance.

2.2.3 Discrimination sexuée des salaires

Outre les discriminations liées à l'accès des femmes à certaines fonctions et à certains niveaux hiérarchiques, les problèmes liés à la discrimination et aux inégalités des salaires entre les hommes et les femmes sont souvent évoqués lorsque l'on traite la situation de celles-ci sur le marché du travail. Ces écarts s'expliqueraient à la fois par un différentiel de capital humain entre les deux sexes, et par une discrimination salariale fondée sur le genre.

Les femmes marocaines subissent une discrimination salariale directement liée à leur genre. Celle-ci découle moins de différences réelles en termes d'âge, de diplôme, de qualification ou de compétences que d'une dévalorisation systémique des caractéristiques associées au féminin. Une autre dimension importante de cette inégalité concerne l'attribution des primes. À postes et compétences équivalents, les primes et avantages sociaux sont souvent accordés de manière informelle et discriminatoire, au bénéfice des hommes.

Bien que les données chiffrées manquent sur cette composante de la discrimination salariale, les rapports du Bureau international du Travail soulignent que, dans les pays de la région MENA, dont le Maroc, la distribution des avantages sociaux demeure inégale et tend à favoriser les hommes. Cette inégalité est d'autant plus problématique que les primes, indemnités et avantages sociaux constituent aujourd'hui une part importante du *package* de rémunération. Leur attribution inégale contribue ainsi à creuser davantage les écarts salariaux entre les femmes et les hommes, même lorsque leurs salaires de base sont comparables.

Selon les données publiées par le Haut-Commissariat au Plan (HCP) en 2024, l'écart salarial global entre les hommes et les femmes au Maroc s'élève à 23%. Si l'on applique le concept internationalement utilisé de l'*Equal Pay Day*, cet écart signifie que, pour l'année 2024, les femmes auraient commencé à « travailler gratuitement » à partir du 8 octobre, jusqu'au 31 décembre. Autrement dit, près de trois mois de travail séparent symboliquement la rémunération annuelle des marocaines de celle de leurs homologues masculins, une inégalité structurelle largement absente du débat public.

Cette disparité salariale est particulièrement marquée dans le secteur privé, où l'écart atteint 42,8%, contre seulement 2,4% dans le secteur public. Les inégalités se renforcent encore au sommet de la hiérarchie professionnelle. Parmi les responsables hiérarchiques et les cadres supérieurs du secteur privé, l'écart salarial dépasse 38,1%, ce qui équivaut à un *Equal Pay Day* fixé au 14 août. A partir de cette date symbolique, les femmes occupant des postes de haute responsabilité « travailleraient gratuitement » jusqu'à la fin de l'année.

Le secteur privé apparaît ainsi comme le principal foyer de production des inégalités salariales. Il concentre en effet 79% des écarts observés entre les hommes et les femmes titulaires d'un diplôme de l'enseignement supérieur. Les disparités de rémunération sont particulièrement marquées dans des secteurs à fort capital humain, tels que la finance, l'administration et l'enseignement, confirmant une segmentation professionnelle et organisationnelle persistante.

Ce constat reste le même depuis plus d'un quart de siècle. L'un des premiers et rares travaux de recherche publié sur le plafond de verre au Maroc, réalisé par Nordman et Wolff (2009), s'intéressait à la discrimination salariale selon le genre. Leur étude, basée sur les données de 8 000 salariés (dont 40 % de femmes) et 850 employeurs issues de l'enquête FACS (Firm Analysis and Competitiveness Survey) menée en 2000 dans le secteur industriel, mettait en évidence des écarts salariaux significatifs entre hommes et femmes.

Ces écarts s'accentuaient avec le niveau hiérarchique, même lorsque les femmes possédaient les mêmes compétences que leurs homologues masculins, et s'aggravaient encore lorsqu'on prenait en compte l'effet « entreprises ». Les auteurs soulignent également que, dans de telles situations, les primes attribuées aux femmes restaient inférieures à celles des hommes pour des qualifications équivalentes. Cette dynamique se renforce avec le temps, car les hommes mieux rémunérés bénéficient d'augmentations plus importantes, confirmant ainsi l'existence d'un véritable plafond de verre dans le secteur manufacturier au Maroc.

2.3 Les principaux freins à l'accès des femmes au marché du travail

En dépit d'un cadre juridique favorable à la promotion de l'égalité homme-femme, et malgré l'accès des femmes marocaines à l'éducation et leur visibilité accrue dans le monde du travail, l'analyse de la situation de la femme dans le milieu professionnel, comme nous l'avons exposé plus haut, montre l'existence de plusieurs formes de discriminations affectant aussi bien son évolution de carrière que sa rémunération.

Dans ce sens, Alami-M'chichi (2002) estime que la question de l'emploi de la femme marocaine et de sa carrière reste tributaire « *des convictions qui, d'une part, relèvent de la distribution des rôles qui prédomine dans les rapports sociaux, c'est-à-dire de la place qui est assignée historiquement aux uns et aux autres dans la société, et qui, d'autre part, sont modelés par la culture* ».

Afin de comprendre les principaux facteurs de blocages auxquels se heurtent les femmes sur le marché du travail freinant l'évolution de leur carrière, nous avons procédé à une synthèse des principales publications sur le sujet dans le contexte marocain. Il en ressort que ces facteurs se cristallisent autour de trois aspects : les stéréotypes des rôles de sexe, le conflit vie familiale-vie professionnelle et les pratiques discriminatoires des organisations.

2.3.1 Stéréotypes de genre au Maroc et travail des femmes

Selon une enquête menée en 2006 par le Haut-Commissariat au Plan, 73% de marocains, dont 87% des femmes contre 60% des hommes, sont favorables au travail des femmes en dehors de la maison. Ces statistiques bien qu'elles montrent une certaine évolution de l'image que se font les marocains du travail féminin, ne reflètent aucunement les valeurs auxquelles croient les marocains et les représentations qu'ils se font de la femme et de son travail en dehors de la sphère domestique.

En effet, historiquement, la femme marocaine a toujours été soumise à la volonté masculine et cantonnée dans un rôle qui lui est socialement reconnu. Il s'agit d'entretenir les membres de sa famille, en s'acquittant des tâches ménagères, de l'éducation des enfants, des activités artisanales à l'intérieur du foyer, et/ou la participation aux travaux dans l'exploitation agricole familiale, en plus de son principal rôle : l'enfantement. En effet, Ajbilou (2003) parle d'une dichotomie sociale traditionnelle des sexes, selon lui « *le rôle des hommes est de subvenir aux besoins fondamentaux de leur famille (logement, nourriture, habillement, etc.), celui des femmes est réduit à l'enfantement et à la prise en charge des activités domestiques* ».

Dans le même sens, Zerari (2006) précise que la société marocaine a pendant longtemps valorisée « *l'idéal de la femme d'intérieur accomplie : mère consciente de ses devoirs d'éducatrice, d'épouse et de gardienne des valeurs* ». D'ailleurs, le proverbe marocain, « *Lamra l'wallada l'rhat lamra lâabbada* », littéralement traduit par « la femme procréatrice a plus de mérite que la femme pieuse », vante les mérites de la femme capable de mettre au monde ou ayant mis au monde plusieurs enfants. Elle est considérée comme une femme accomplie, et est mieux appréciée par la société qu'une femme juste, croyante et religieuse pratiquante.

Ces réflexes sociaux se sont développés et se sont transformés en des pratiques naturelles immuables, et donc acceptables par tous, formant ainsi un socle de convictions solidement ancrées dans les esprits des hommes et des femmes, et à partir desquelles se sont établies les représentations sociales des uns et des autres. Ces représentations sociales, renforcent l'idée de la séparation entre sphère publique : domaine des hommes, et sphère privée : domaine des femmes.

Cette assignation sociale des rôles s'accompagne d'une certaine ambivalence quant au travail des femmes en dehors de la sphère domestique. Cette ambivalence est d'autant plus marquée pour les femmes cadres qui, malgré leurs positions valorisantes, doivent concilier responsabilités familiales et professionnelles, sans que cela n'entraîne une remise en cause du partage inégal des tâches domestiques au sein du couple.

2.3.2 Vie familiale Vs. Vie professionnelle

L'articulation ou plutôt la conciliation de la vie familiale et la vie professionnelle semble être le facteur de blocage le plus important pour les femmes actives à bien des égards. D'un point de vue des représentations sociales et des stéréotypes des rôles des sexes, la prise en charge des tâches ménagères et l'éducation des enfants relèvent de ses responsabilités, et ce même si elle est active et participe financièrement au budget domestique.

De plus, ces représentations sociales influencent la participation des femmes mariées sur le marché du travail de manière ambivalente. D'un côté, la société marocaine porte un regard critique sur les mères salariées, une part importante de la population ayant une faible estime de leurs compétences maternelles. De l'autre, les employeurs soupçonnent souvent ces femmes d'un manque de disponibilité et d'engagement envers l'organisation en raison de leurs responsabilités familiales et de la maternité.

Dans cette perspective, il convient de souligner que le taux d'emploi des femmes âgées de 15 ans et plus est passé de 23,7% en 2010 à 15,9% en 2022, illustrant les difficultés persistantes pour les femmes à concilier travail et responsabilités familiales. En l'absence de statistiques détaillées sur le secteur privé, les données du secteur public révèlent que les femmes mariées y sont largement minoritaires. Ainsi, en 2010, leur présence dans la Fonction Publique, supposée offrir des conditions plus flexibles en termes d'horaires et de charge de travail, n'atteignait pas 30%, contre plus de 50% pour les femmes des autres statuts.

Ainsi, l'emprise du mariage et la charge du travail domestique qui en découle sur le travail des femmes mariées, poussent ces dernières à faire des sacrifices et/ou à adopter des stratégies afin de pouvoir articuler vie familiale et vie professionnelle. D'autant plus qu'elles pâtissent d'une absence, quasiment totale, de l'aide de leurs conjoints qui, bien qu'ils acceptent que leurs épouses travaillent et participent au budget du foyer, ne font aucun effort pour prendre en charge certaines tâches ménagères. D'ailleurs, selon une enquête, cette résistance aux changements concerne aussi bien les femmes que les hommes, puisque seulement 41,59% de femmes se disent favorables pour la partage des tâches ménagères, contre 28,9% des hommes.

Partant de là, et afin de pouvoir travailler tout en assurant l'équilibre entre leur vie professionnelle et leur vie familiale, sans l'aide de conjoints, les femmes sacrifient, sur leur budget temps, une partie du temps alloué aux loisirs, pour consacrer plus de temps aux tâches domestiques.

Une enquête sur le budget-temps réalisée en 2012 par le HCP[6], révèle que les femmes consacrent en moyenne sept fois plus de temps que les hommes aux activités domestiques et quatre fois moins de temps aux activités professionnelles. Plus précisément, 95% des marocaines consacrent cinq heures par jour aux activités domestiques, dont 4 heures 33 minutes par jour aux tâches purement ménagères et 27 minutes aux autres activités semblables. En revanche, le budget temps alloué à ce type d'activités ne dépasse guère 43 minutes chez 45% des hommes, et 11 minutes pour 13% d'entre- eux.

2.3.3 Les pratiques discriminatoires des organisations

Selon la littérature, la rareté des femmes dans certaines fonctions et postes à responsabilités, ainsi que les obstacles qu'elles rencontrent pour y accéder, résulte des pratiques discriminatoires mises en œuvre par les entreprises à leur égard.

On y distingue principalement deux formes de discrimination : la discrimination directe, lorsque l'entreprise adopte des règles ou des mesures visant explicitement à exclure une catégorie, notamment les femmes ; et la discrimination indirecte, lorsque des règles ou mesures standardisées, conçues par et pour les hommes, entraînent *de facto* l'exclusion des femmes.

Au Maroc, les entreprises pratiquent les deux formes de discriminations. Les discriminations directes se manifestent, par exemple, par le recours aux réseaux internes majoritairement masculins pour le recrutement externe, ce qui exclut largement les femmes (Chicha, 2013). Quant aux discriminations indirectes, elles

[6] La seule disponible à ce jour.

sont souvent liées aux stéréotypes de genre qui assignent à la femme le domaine domestique et à l'homme le domaine professionnel rémunéré.

Il convient également de souligner que les pratiques de gestion des ressources humaines ne sont toujours pas adaptées à la situation des femmes au Maroc (Chicha, 2013). Certaines entreprises locales tentent d'intégrer des méthodes modernes dans un système traditionnel, parfois archaïque, tandis que les multinationales imposent des pratiques standardisées à leurs filiales marocaines sans tenir compte des spécificités de la condition féminine dans le pays.

Par ailleurs, ces discriminations ne se limitent pas au secteur privé. Dans la Fonction Publique, les femmes fonctionnaires sont également confrontées à des comportements discriminatoires. L'étude de Brière (2006) montre que certaines femmes se voient écartées de dossiers ou de postes en raison de leur sexe et de leurs responsabilités familiales, malgré leurs compétences et leur expérience.

CONCLUSION PARTIE 1

L'analyse de la situation socioéconomique des femmes au Maroc montre que, malgré des évolutions notables depuis le début des années 2000 (hausse de la scolarisation, amélioration progressive du taux d'activité, entrée plus visible des femmes dans l'espace public et dans certains postes qualifiés) les avancées demeurent limitées et inégalement réparties. Si la participation féminine au marché de l'emploi s'est consolidée, le taux d'activité demeure néanmoins l'un des plus faibles au monde. Cette réalité, tout comme la persistance d'une ségrégation horizontale et verticale, reflète l'influence durable de normes sociales, de structures économiques et de pratiques institutionnelles qui continuent de restreindre l'accès des femmes à l'emploi qualifié et aux positions décisionnelles.

Les mutations sociodémographiques et économiques ont certes contribué à redéfinir partiellement les rôles traditionnels, mais elles n'ont pas suffi à transformer en profondeur les représentations culturelles ni les modes de fonctionnement organisationnels. Malgré l'affichage d'une volonté politique de promouvoir l'égalité, les effets concrets sur la structure du marché du travail demeurent modestes, et les femmes continuent de se heurter à des obstacles multiples (difficultés d'insertion, accès restreint à certaines formations, discriminations salariales, rigidités organisationnelles) qui témoignent de la persistance de mécanismes structurels qui reproduisent les inégalités de genre.

Au-delà de ces obstacles structurels, certaines pratiques organisationnelles et normes sociales spécifiques continuent de freiner l'accès des femmes aux postes hiérarchiques et à certaines fonctions. Les pratiques discriminatoires au sein des organisations, conjuguées au poids d'une société traditionnelle et patriarcale, contribuent à la persistance de différentes formes de ségrégation et de discrimination, notamment dans les domaines du recrutement, de l'évaluation, de lapromotion et de rémunération.

Ainsi, au-delà des données statistiques, les obstacles rencontrés par les femmes relèvent autant de logiques économiques et institutionnelles que de dynamiques sociales et culturelles profondément ancrées. C'est d'ailleurs cette intrication entre contraintes structurelles, normes de genre et pratiques organisationnelles qui explique en grande partie la faible présence des femmes dans les postes d'encadrement et de décision.

Ces constats, établis à partir d'études et de rapports nationaux, appellent à être confrontés à l'expérience vécue des principales concernées. Pour comprendre plus finement la manière dont ces mécanismes se traduisent concrètement dans les parcours individuels, il est indispensable d'aller au-delà des chiffres et d'explorer les perceptions, les stratégies et les obstacles tels qu'ils sont éprouvés par les femmes elles-mêmes.

C'est précisément l'objectif de la seconde partie de ce travail, qui présente et analyse les résultats de notre enquête qualitative menée auprès de femmes cadres marocaines. À travers leurs récits, leurs représentations et leurs expériences, nous chercherons à saisir comment ces dynamiques macro-sociales se déclinent dans leurs trajectoires professionnelles, leurs relations au travail et leurs interactions avec les organisations.

Ainsi, la partie suivante permettra d'éclairer les réalités du « plafond de verre » non plus seulement à travers les données globales, mais à partir de la parole des femmes concernées, révélant les tensions, les résistances, mais aussi les stratégies qu'elles mobilisent pour avancer dans leurs carrières.

PARTIE 2 : FEMMES CADRES AU MAROC : PARCOURS, OBSTACLES ET STRATEGIES

Comme nous l'avons souligné plus haut, les travaux scientifiques portant sur le genre dans le monde professionnel, et plus particulièrement dans le contexte marocain, demeurent rares. Cette absence de références solides nous a conduits à mener notre propre étude, en adoptant une démarche scientifique rigoureuse permettant d'explorer en profondeur la question des carrières des femmes cadres et les mécanismes du plafond de verre.

L'approche qualitative que nous avons privilégiée vise à recueillir les perceptions, les jugements, les états affectifs et les représentations sociales des individus, en s'appuyant sur leur propre cadre de référence et sur leurs expériences. Dans cette perspective, nous avons réalisé des entretiens individuels semi-directifs auprès de femmes cadres occupant des fonctions de management ou de direction dans des organisations appartenant à des secteurs variés.

Afin de représenter au mieux la diversité des situations, nous avons constitué un échantillon volontairement hétérogène, tenant compte de multiples dimensions sociodémographiques : âge, situation familiale, nombre et âge des enfants, niveau d'études, secteur d'activité, type d'entreprise, fonction occupée et même apparence vestimentaire. Cette diversité permet d'enrichir la compréhension des trajectoires professionnelles et des contraintes vécues par les femmes cadres.

Conformément au principe selon lequel « *le tout social se retrouve en chaque individu* », chaque entretien constitue une source d'information précieuse. En effet, en recherche qualitative, une donnée issue d'un entretien unique peut avoir une valeur équivalente à une donnée récurrente dans une enquête quantitative. Nous avons ainsi poursuivi la collecte de données jusqu'à atteindre la saturation sémantique, seuil à partir duquel les entretiens n'apportent plus de nouveaux éléments significatifs. Cette saturation offre un socle solide à la généralisation qualitative et remplit, dans ce type d'étude, une fonction comparable à celle de la représentativité dans les enquêtes quantitatives.

Ainsi, la présente partie est consacrée à la présentation et à l'analyse des résultats issus de notre terrain. Afin d'en faciliter la lecture, nous l'avons structurée en trois grands chapitres qui se complètent. Le premier s'attache à éclairer la place de la femme dans la société marocaine, à travers les normes sociales, les attentes culturelles et les dynamiques de transformation qui influencent les trajectoires féminines. Le deuxième chapitre explore les défis liés à l'articulation entre vie professionnelle et vie familiale, en mettant en lumière les contraintes, arbitrages et stratégies déployés par les femmes cadres pour concilier ces deux sphères. Enfin, le troisième chapitre analyse les contraintes organisationnelles et institutionnelles qui entravent les parcours professionnels des femmes et contribuent à la persistance du plafond de verre au sein des entreprises marocaines.

À travers cette analyse progressive, nous proposons une lecture fine et contextualisée des multiples facteurs sociaux, culturels, familiaux et organisationnels, qui façonnent les carrières des femmes cadres au Maroc.

Chapitre 3. PLACE DE LA FEMME DANS LA SOCIETE MAROCAINE

Ce troisième chapitre est consacré à l'analyse et à la discussion des propos recueillis sur la place qu'occupent les femmes dans la société marocaine. Il porte plus précisément sur les perceptions et les représentations que nos répondantes se font de leur position sociale, en particulier dans le milieu professionnel.

Dans un premier temps, nous examinerons leur lecture des évolutions récentes, tant sur le plan social que dans le monde du travail. Nous nous intéresserons ensuite à leurs conditions d'accès à l'éducation et à la formation professionnelle, ainsi qu'au rôle joué par les réseaux et le mentorat dans la construction de leurs trajectoires. Enfin, nous analyserons les stéréotypes et préjugés auxquels elles sont confrontées, en évaluant l'impact potentiel de ces représentations sur le déroulement de leurs carrières.

3.1 Situation sociale et carrières des femmes marocaines

Nous avons vu dans le premier chapitre que les données sociodémographiques témoignent d'une réelle évolution de la place et de la condition de la femme dans la société marocaine, avec à la clé, une augmentation significative de leur participation à la population active ces dernières années. Elles occupent de plus en plus de postes de management et/ou d'encadrement, avec des responsabilités de plus en plus lourdes, à l'image de leurs homologues masculins. En 2013, le taux de féminisation des fonctions de cadres moyens et cadres supérieurs étaient 41,2% et 32,4% respectivement, contre seulement 8,8% pour les membres des corps législatifs et les responsables hiérarchiques.

Bien que le taux de féminisation soit relativement élevé pour les deux premières catégories, il n'en reste pas moins que la catégorie des cadres supérieurs enregistre un taux très faible, ce qui montre que les carrières des femmes évoluent moins rapidement que celles des hommes, et la voie vers les postes les plus élevés de l'organisation semble semée d'embûches, ce qui ralenti, voire freine, leur progression vers les postes d'encadrement les plus élevés.

3.1.1 La place de la femme au Maroc : évolution en demi-teinte

Après les premières questions de contact, nous avons invité nos interviewées à s'exprimer sur la place qu'occupe la femme dans la société marocaine de façon générale, et dans le milieu professionnel, en l'occurrence dans les organisations, de façon particulière.

Leurs propos font l'unanimité quant à l'amélioration de la situation de la femme dans la société marocaine, et à l'évolution de la place qu'elle occupe aussi bien dans le domaine privé que dans le domaine public. Une évolution qui reste, tout de même inachevée selon quelques répondantes.

Pour certaines interviewées, la place qu'occupe la femme marocaine a beaucoup évolué ces dernières années, néanmoins cette évolution n'a pas atteint le « *pourcentage qu'on voudrait ou qu'on aurait dû avoir* » pour ainsi citer cette responsable de production dans le plus grand groupe de médias au Maroc, qui évoque tout de même une société récalcitrante à l'égard de l'épanouissement de la femme marocaine et l'amélioration de ses conditions :

> *Dans la société, on a encore l'image de la femme qui est cantonnée à des activités qu'elle doit faire, à des décisions peut être qu'elle ne peut pas prendre. Quand je vois mon entourage, c'est des choses qui sont encore ancrées ! Donc, comment peut-on demander à une fille ou à un garçon, quand ils sont dans le monde professionnel à se considérer égaux si on ne les a pas éduqués ainsi ? (Khadija, Cheffe de département production)*

Cette appréciation de la situation de la femme se confirme dans les déclarations d'autres enquêtées qui, tout en évoquant les difficultés que rencontrent les femmes au niveau sociétal et professionnel, reconnaissent et soulignent l'importance des transformations positives dans la société marocaine à l'égard des femmes et du regard que l'on porte sur elles.

> *La société marocaine était très dure vis-à-vis des filles. Aujourd'hui elle l'est moins, […] est devenue très ouverte. D'ailleurs ça se voit rien que dans l'habillement, les sorties : la fille ne devait pas sortir, se mettre à la terrasse d'un café, parler à haute voix devant machin… ; (Wafae, DGA).*

Il apparait, des déclarations de nos interlocutrices, que les changements survenus dans les conditions de la femme et de sa place dans la société marocaine concernent tous les aspects de la vie, faisant porter « *la question des femmes de l'espace privé, dans lequel elle a trop longtemps été cantonnée, vers l'espace public* » (Zerari, 2010). Ainsi, comme nous l'avons exposé dans la première partie de notre thèse, les changements vont des conditions de l'accès des femmes à l'éducation, aux conditions d'accès à l'emploi, en passant par les droits civiques et l'institutionnalisation de l'égalité homme-femme.

Au-delà des statistiques et données chiffrées, l'impact de tels changements et réformes, sont très perçus, dans la mesure où nos interlocutrices évoquent spontanément ces changements et la place qu'occupe désormais la femme marocaine. Elles imputent cette situation à une certaine évolution des mentalités, qui a permis aux filles de prétendre à l'éducation et au travail, au même titre que les garçons sans discrimination aucune :

> *Le fait d'être une fille n'est plus un critère de choix de telle ou telle filière, ou d'éviter telle ou telle filière d'études. Avant, c'était le cas, mais aujourd'hui ça a changé. […] la vie aujourd'hui impose à la femme de travailler soit pour aider ses parents, soit pour les fuir. Il y en a d'autres qui travaillent pour leur propre épanouissement personnel. (Assya, Responsable de service caisses)*

Néanmoins, les propos de cette responsable dans la grande distribution, à l'image de ceux d'autres interviewées, montrent sans ambages une hétérogénéité quant aux motivations des femmes pour et au travail. En effet, toutes les femmes ne cherchent pas l'épanouissement personnel dans le travail. Certaines sont contraintes de travailler pour faire face aux conditions économiques précaires de leurs familles qui se trouvent dans des difficultés financières ou sont carrément dans le besoin (Mejjati-Alami, 2006). D'autres, en revanche, travaillent pour faire face aux pressions de la société, qui les juge désormais sur la base de leurs apparences et de leurs signes extérieurs de richesses ; ou encore pour échapper au contrôle parental, voire de la famille élargie, qui continue à s'exercer sur les femmes non mariées, quel que soit leur âge.

> *La culture marocaine a beaucoup changé. Aujourd'hui on donne beaucoup d'importance aux apparences : est-ce que la femme travaille ? Quel est son poste ? Possède-t-elle une voiture? Une maison? Ce n'est plus seulement question d'épanouissement personnel, d'autonomie ou d'aider sa famille. (Assya, Responsable de service caisses)*

En outre, c'est principalement dans les métropoles et les grandes villes, que ces changements sont le plus palpables, en raison d'une pression économique qui contrebalance les pressions sociales, les condamnant à s'adapter aux nouvelles réalités économiques.

> *[...] Marrakech, cette mentalité a complètement changé. À Casablanca, on n'en parle pas ! Parce que si tu ne travailles pas tu es mort, qu'on soit homme ou femme. (Fatima-Zahra, Responsable achat senior)*

Par ailleurs, bien que nous ayons souligné un taux d'activité féminin relativement très bas, comparé à celui de leurs homologues masculins, et évoluant de façon irrégulière sur les quinze dernières années, avec en prime des tendances baissières (voire première partie), il n'en demeure pas moins que les femmes sont de plus en plus visibles et leur présence sur le marché du travail est palpable :

> *Pour moi la femme a toujours travaillé, c'est vrai que ces dernières années elles sont de plus en plus visibles. [...] j'ai constaté une certaine émancipation de la femme depuis à peu près [...] 2003. Je vois que la femme est présente un peu*

partout, elle occupe le terrain. (Mariam, chef de département Grande distribution)

Ce faible taux d'activité féminin s'explique, en partie, par l'emprise de la vie familiale (mariage, enfants, tâches ménagères, ...) sur l'emploi du temps et la disponibilité des femmes marocaines (Boudarbat, 2007). Cette explication, comme nous verrons un peu plus loin, nous a été confirmée, directement et/ou indirectement par les femmes de notre échantillon, à partir de leurs expériences personnelles et celles de leurs entourages.

Corollaire de la faible et fluctuante participation des femmes marocaines à la vie active, leur intégration dans la vie professionnelle, particulièrement à des niveaux hiérarchiques élevés des organisations, reste en deçà de leurs espérances. Dans ce sens, *Mme Fatima-Zahra* (Responsable achat senior) qui, en reconnaissant l'accès désormais de plus en plus facile des femmes à certains postes élevés, ne manque pas de souligner qu'il reste « *encore un long chemin à faire* ». Une affirmation confirmée par les déclarations d'autres interviewées, notamment celle de *Mme Sarah* (*Responsable d'Unité de Management*), pour qui :

> *L'intégration de la femme marocaine dans le parcours professionnel ne date pas de très, très longtemps. Ce qui fait que pour arriver à certains postes il faut du temps. [...] Je pense qu'il y a encore de la matière à faire, on n'est pas encore arrivé au top de dire que la femme est entièrement intégrée.*

Cette intégration inachevée se manifeste, selon les répondantes, dans certaines formes de ségrégations verticales et/ou horizontales. Ainsi, pour certaines d'entre elles, la ségrégation dont les femmes font l'objet, prend plutôt une forme verticale puisqu'elles sont confinées dans des postes hiérarchiques, et leur présence baisse davantage à mesure que l'on avance vers le dernier triangle de la pyramide hiérarchique des organisations.

[…] il y a une grosse partie des femmes qui travaillent aujourd'hui, elles ont plutôt de bons postes, plutôt corrects ! Mais plus ça va arriver à des échelles […] médiatisés ou autres, ça va plus être masculin à mon avis plus qu'autre chose. (Sarah, Responsable d'Unité de Management)

Pour d'autres répondantes, les femmes subissent une deuxième forme de ségrégation, en plus de celle verticale. Elles se retrouvent, en effet confrontées à la ségrégation horizontale qui les cantonne dans certains secteurs d'activités, ou des métiers et des postes traditionnellement réservés aux femmes, ou parce que nécessitant des qualités dites féminines.

Combien y a-t-il de femmes dans des postes managériaux ? Il n'y en a pas beaucoup ! Elles sont sous représentées ! Peut-être, elles sont dans les RH…, mais elles ne sont pas hiérarchiquement bien placées. (Khadija, Cheffe du département production)

Qui plus est, cette deuxième forme de ségrégation, où les recruteurs exigent le recrutement (ou la promotion) des femmes pour certains postes, est perçue par ces dernières comme une forme de gratification ou de reconnaissance de leurs qualités et de leurs compétences. A l'image de *Assya* (*Responsable de service caisses*) qui nous explique, avec un enthousiasme à peine maitrisé, que les « *entreprises elles-mêmes exigent, pour certains postes, des femmes !* ». Dans la même veine, plusieurs interviewées ne dissimulaient par leur fierté en nous expliquant que les employeurs préfèrent recruter, pour certains postes sensibles (par exemple : les caisses, la trésorerie, les achats, …) des femmes plutôt que des hommes. Selon elles, les employeurs font beaucoup plus confiance aux femmes qu'aux hommes pour ce genre de postes, car ils les trouvent « *très sérieuses et compétentes* », comme le précise *Mme Khadija* (*Cheffe du département production*).

Ainsi, le discours de nos interviewées, va dans le sens des conclusions tirées des travaux de recherche réalisées à l'échelle internationale y compris au Maroc. Dans ce sens, articles et communications traitants des différentes formes de discriminations dont sont victimes les femmes au Maroc (Chicha, 2013; Mejjati-Alami, 2006; Sahraoui-Bentaleb, 2011; Scarfo' Ghellab, 2006), montrent que les femmes, bien qu'elles soient instruites, n'accèdent que difficilement aux postes hiérarchiques élevés, notamment dans des fonctions telles la production ou l'administration (Chicha, 2013). Elles trouvent cependant plus de facilités à accéder à « *certaines fonctions telles que directrice des ressources humaines ou de communication* » (ibid.).

Toutefois, le degré de difficulté que les femmes rencontrent pour se frayer un chemin vers les sommets hiérarchiques varie en fonction de l'environnement organisationnel dans lequel elles évoluent, et indépendamment de leurs propres compétences, comme le précisent plusieurs de nos interviewées. Selon elles, l'évolution des femmes vers les postes élevés d'encadrement dépend, entre autres, du statut de l'entreprise ou de l'organisation (privée ou publique), de sa taille (PME, grande entreprise ou multinationale), ou encore du sexe et/ou de la culture des décideurs dans les entreprises.

> *Ça dépend de l'environnement dans lequel on est ; si on est dans une entreprise familiale, la femme n'a pas la même place que l'homme au niveau de l'entreprise, sauf si la femme est issue de la famille du patron. Là elle sera considérée différemment. Mais au niveau d'une grande entreprise ou d'une multinationale, franchement il n'y a aucune [différence]..., même au Maroc. (Firdaous, Directrice d'agence bancaire)*

> *On prend les grandes sociétés marocaines semi publiques, etc., il n'y a pas de femmes en tête de poste. Maintenant dans le privé, il y en a celles qui poussent. (Sarah, Responsable d'Unité de Management)*

> *On voyait des femmes arriver à des postes, mais ça reste au bon gré des décideurs. [...] celles qui arrivent à des postes..., soit elle est dans une institution où le patron... vient d'une*

éducation je dirais européenne ou américaine où ils donnent au mérite : la compétence, les réalisations, etc. (Wafae, DGA)

En définitif, la réussite professionnelle des femmes marocaines reste mitigée, comme l'ont d'ailleurs décrit, plus ou moins de façon explicite, toutes nos interviewées. Une partie des femmes considère les avancées réalisées en matière d'égalité des chances, d'accès des femmes à l'éducation, de leur visibilité accrue dans la sphère publique, dans tous les domaines et à tous les niveaux. En revanche, les autres interviewées n'hésitent pas à mettre le doigt sur les nombreuses embûches qui continuent d'entraver une parfaite intégration des femmes dans un monde d'hommes, et de limiter leur progression vers les postes d'encadrement et de direction.

En revanche, toutes les interviewées évoquent les performances managériales des femmes cadres et dirigeantes, qu'elles ont qualifiées de « *courageuses, débrouillardes* », « *combattantes* » et « *carriéristes* ». Pour elles, les femmes marocaines assument désormais des rôles de plus grande responsabilité, accèdent progressivement à des positions stratégiques au sein des organisations et participent activement à la prise de décision.

3.1.2 Déroulement de carrière des cadres femmes

La féminisation du salariat au Maroc, due, rappelons-le, aux bouleversements économiques et aux mutations sociales, a contribué à l'émergence d'une nouvelle génération de femmes « *carriéristes* » occupant des postes de cadres en s'affirmant « *et les hommes tremblent devant elles !* », comme le confirme *M*^{me} *Mouna* (*Ingénieure commerciale*), et d'ajouter que les postes que les femmes marocaines occupent désormais, et les carrières qu'elles mènent sont amplement mérités, eu égards des efforts qu'elles fournissent et les résultats qu'elles obtiennent, qui dépassent généralement ceux obtenus par leur homologues masculins. Ces affirmations sont partagées, à l'unanimité par les autres répondantes, à l'image de *M*^{me} *Kenza* (*Directrice de magasin dans la grande distribution*) qui déclare :

Ma carrière je l'ai méritée, on ne m'a pas fait de cadeau. Virtuellement je me suis faite arracher les ongles ! Je suis tombée et me suis relevée plusieurs fois, comme dans la fable de la fourmi travailleuse, [...]. Donc j'ai mérité ma place.

Cependant, bien que toutes les répondantes soient d'accord quant à leur légitimité dans les postes de management et d'encadrement, il n'en demeure pas moins qu'elles n'ont pas eu toutes le même cheminement de carrière et la même réussite professionnelle. Rappelons que chaque carrière est unique et dynamique pour chaque individu (Yan et al., 2002), et peut prendre deux formes différentes comme nous l'avons décrit dans la revue de littérature : une carrière linéaire et une carrière non-linéaire. Selon Heslin (2005), le premier type de carrière se développe au sein de l'organisation elle-même, où l'évolution vers des positions hiérarchiques et/ou vers d'autres fonctions se fait au gré des besoins de l'organisation. Le second est centré sur l'individu, sur l'identification de ses compétences, de ses propres intérêts, et des possibilités de carrière qui lui sont offertes au sein et en dehors de l'organisation. En plus de planifier sa propre carrière, l'individu dans ce deuxième cas, définit ses propres paramètres pour mesurer sa réussite.

Quant à notre échantillon, la majorité de nos répondantes, soit 75% de notre échantillon, a eu des carrières non-linéaires ou nomades, puisque leurs parcours transcendaient l'organisation, pour aller chercher des défis et des opportunités sur le marché du travail, en changeant d'entreprise pour aller parfois chez les concurrents, ou en changeant carrément de secteur d'activité. Le but de cette stratégie étant d'évoluer hiérarchiquement vers des positions plus élevées en ayant au passage des responsabilités plus grandes, des prérogatives plus larges et des salaires plus élevés. Cette situation confirme d'ailleurs les tendances observées dans d'autres pays (Hall & Chandler, 2005), où les femmes et les hommes deviennent des acteurs actifs de leurs carrières.

Ainsi d'après nos répondantes, leur avancement hiérarchique et leur évolution de carrière s'est toujours fait en passant d'une organisation à une autre. Une stratégie de carrière qui semble se répandre quel que soit le niveau et la nature de leur formation, leur niveau hiérarchique ou leur secteur d'activité. Néanmoins, l'origine du diplôme semble influencer leurs stratégies de carrière, puisque nous avons observé que les femmes issues d'écoles d'ingénieurs, des grandes écoles de commerce et de certains parcours universitaires marocains et/ou étrangers n'hésitent pas à aller chercher des opportunités en dehors de leurs organisations respectives à une exception près. Il s'agit de *Mme Khadija*, (*Cheffe du département production*) qui bien qu'elle soit diplômée de l'INPT (Maroc) puis INA Sup (France), n'a jamais changé l'entreprise dans laquelle elle a évolué hiérarchiquement tout en changeant de fonctions. Elle évoque trois facteurs qu'ils l'ont incité à passer plus de 25 ans dans la même entreprise : les perspectives d'évolution, l'ambiance au travail et le niveau de rémunération.

Néanmoins, cette répondante nous a confié qu'elle est dans une phase de réflexion avancée quant à son avenir professionnel. Elle nous a fait part de sa volonté de quitter son entreprise pour s'installer à son propre compte en créant une société de consulting et de formation, tout en préparant une thèse de doctorat pour pouvoir bifurquer vers l'enseignement supérieur. Une orientation partagée par quatre autres femmes parmi nos interviewées, soit 25% de notre échantillon.

En effet, deux femmes étaient déjà, au moment de nos entretiens, à un stade avancé de leurs thèses, avec une troisième en phase d'inscription ; quant aux deux autres, elles étaient en recherche active d'un directeur de thèse. Elles avaient toutes les cinq l'objectif de quitter l'entreprise pour un statut d'enseignante universitaire. Un titre qui leur garantit un statut et une reconnaissance sociale, et qu'elles apprécient comme une réussite à la fois professionnelle et sociale. De plus, ce statut leur permettrait une certaine autonomie et une flexibilité au niveau des horaires que recherchent toutes nos répondantes.

Ainsi, les quatre répondantes étaient encouragées dans cette démarche par les opportunités de recrutement, moins discriminatoires par rapport aux autres secteurs d'activités, imputées à la dynamique que connait l'enseignement supérieur au

Maroc aussi bien public que privé, au statut social que ce titre leur procurera, et en matière de flexibilité horaire qui est à même de leur permettre d'articuler leurs vies familiale et professionnelles, et enfin en terme de salaire.

Cependant, deux de nos cinq répondantes affirmant vouloir faire un doctorat, expriment leur volonté de s'établir à leur propre compte et faire du consulting dans leurs domaines d'expertise respectifs. En effet, à l'image de *M*^me^ *Khadija* que nous avons cité, une autre répondante nous a expliqué que bien qu'elle ait évolué dans plusieurs postes au sein de plusieurs entreprises et qu'elle soit fière de ce qu'elle a accompli, son objectif final est de s'établir à son propre compte en créant un cabinet d'études et de conseil en qualité.

> *J'ai commencé dans un laboratoire, je suis passée après à un bureau d'études où j'ai passé cinq ans, puis je suis passé à l'entreprise où j'ai passé deux ans et demi et je savais que je ne devais pas dépasser trois ans parce que mon objectif était de faire le tour de tous les intervenants avant de me mettre à mon propre compte et de faire le consulting […]. (Lina, Directrice de qualité)*

Force est de constater que les deux femmes adoptent la même stratégie pour contourner le blocage dont elles estiment faire l'objet dans leurs organisations respectives. Cette comparaison est d'autant plus intéressante que les deux répondantes présentent deux profils complétement différents, voir même opposés, aussi bien au niveau du capital humain (principalement la nature et le niveau des études ainsi que l'origine des diplômes), que des caractéristiques démographiques (particulièrement la situation familiale). De plus, elles ont eu des parcours de carrière complétements différents, puisque la première a fait une carrière traditionnelle dans une seule organisation, alors que la seconde a connu une évolution de carrière transcendant l'organisation passant d'une entreprise à l'autre au gré des opportunités qui s'offraient à elle.

D'ailleurs, le cas de cette répondante, diplômée (bac+4) en géologie de l'université Moulay Ismail[7], est intéressant parce qu'il reflète parfaitement la situation de toutes les diplômées des universités, y compris les filières de commerce et de gestion, qui ne font pas partie d'un parcours particulier.

En effet, après l'obtention de son diplôme et une période de chômage de plus d'un an, cette interviewée nous explique qu'elle a passé 5 stages en quatre ans sans rémunération aucune, et ce malgré qu'elle soit passé par le réseau de son frère pour décrocher ces stages. Cependant, ce qui est frappant dans son récit, c'est l'absence d'une stratégie claire pour sa carrière et d'une cohérence dans le déroulement de ses stages pour améliorer son employabilité. Il s'agissait vraisemblablement des stages qu'elle a réussi tant bien que mal à décrocher au bon gré des circonstances, même si la répondante ne l'exprime que par des sous-entendus.

Ainsi, quand elle a enfin décroché un contrat de travail dans un laboratoire opérant dans le bâtiment, elle se retrouve obligée de passer un (cinquième) stage d'une année avant de signer un CDI avec une période d'essai de six mois renouvelable une fois. Une situation qui s'explique principalement par la nature de son diplôme et de la filière qu'elle a suivie et qui, comme c'est le cas de plusieurs autres filières universitaires, ne développe aucune compétence particulière à faire valoir dans les entreprises privées en général, et dans celles qui opèrent dans le bâtiment en particulier.

Le cas de cette répondante n'est pas isolé, puisque plusieurs de nos répondantes affirment avoir accepté de commencer en bas de l'échelle hiérarchique, dans des postes pour lesquels elles étaient surqualifiées et/ou surdiplômées. Comme elle, 9 autres interviewées, soit 50% de l'échantillon, confirment qu'elles ont accepté des postes très en deçà de leurs compétences, ce qui va dans le sens des résultats d'autres travaux de recherche réalisés dans les pays occidentaux notamment ceux de Meron & Wierink (2006) et de Pochic (2005).

---

[7] Cette université est classée parmi les moins performantes au niveau national selon plusieurs organismes de classement internationaux

Selon ces interviewées, contrairement aux hommes, les femmes au Maroc sont obligées d'accepter des postes inférieurs à leurs compétences et leurs attentes pour qu'elles puissent être recrutées. Néanmoins, elles essaient toutefois de relativiser en évoquant certains avantages tels que l'occasion d'apprendre le métier, de se familiariser avec le monde de l'entreprise, mais aussi et surtout, comme nous le verrons un peu plus loin, pour démontrer leurs compétences et prouver leur légitimité d'occuper des postes plus élevés, à l'image de *Imane* (*DRH*), lauréate d'un DESS en management de l'université Mohamed V et major de sa promotion, qui déclare :

> *J'ai commencé ma carrière dans le secteur du transport aérien, avec la compagnie British Airways. J'ai vraiment commencé en bas de l'échelle. [...] je voulais travailler dans ce secteur et comme je n'avais aucune expérience dans le secteur pour avoir un poste plus important, je ne voyais donc pas de problèmes de commencer comme assistante administrative et financière. (Imane, DRH)*

Comme elle, une autre répondante diplômée (Bac+4) d'une grande école de commerce marocaine affirme qu'elle avait commencé en tant que téléconseillère dans le premier centre d'appel qui s'est installé au Maroc, avant d'évoluer hiérarchiquement, en convaincant ses supérieurs par ses performances et ses résultats au fil des années. Ainsi les deux femmes ont continué à évoluer dans leurs entreprises respectives jusqu'à ce qu'elles décident de les quitter pour saisir d'autres opportunités ailleurs.

Bien qu'elles aient adopté la même démarche en optant pour une carrière non-linéaire, les motivations de leurs choix restent absolument différentes. En effet, *M*[me] *Sarah* (*Responsable d'unité de management*) avait choisi de quitter son entreprise (centre d'appel), en guise de réaction suite à un blocage et une discrimination sexiste dont elle s'estimait être victime. Ainsi, elle a choisi de saisir une opportunité qui lui a été offerte chez un concurrent pour occuper un poste plus élevé, avec des responsabilités plus large et le salaire qui s'en suit. En revanche, *Mme Imane* a choisi de quitter l'entreprise pour une situation totalement inverse.

En effet, elle nous a confié qu'elle était sur le point de démissionner quand on lui avait proposé le poste de DG de la filiale marocaine de cette compagnie aérienne, suite à plusieurs tests et entretiens dans lesquelles elle était en concurrence avec une dizaine de candidats à haut potentiel, tous des hommes. Cette proposition ne l'a pas empêchée de démissionner en déclinant l'offre. Elle nous a expliqué que son choix était dicté par sa quête d'un équilibre entre sa vie familiale et sa vie professionnelle, d'autant plus qu'elle devrait continuer de faire la navette entre Rabat et Casablanca (soit à peu près 200km aller-retour) chaque jour entre son domicile et son lieu de travail, si elle avait accepté l'offre.

Bien qu'il puisse paraitre invraisemblable, ce cas est bien réel et n'est pas unique. En effet, plusieurs interviewées ont confirmé connaitre dans leurs entourages des femmes qui ont refusé des promotions pour des motifs pareils. D'autres études souscrivent à ce constat, notamment l'étude de Coderre et al. (1999, p. 103) qui estime à 12% les femmes de leurs échantillons qui refusent des promotions à cause des responsabilités familiales.

En définitive, de l'analyse de nos entretiens, il en ressort que quel que soit le profil des femmes que l'on a interrogé (situation familiale, niveau et nature des études, ancienneté et expérience professionnelle), elles ont dans leur majorité opté pour une carrière nomade sur mesure, en prenant en compte les exigences de leurs vie familiale et professionnelle. Une carrière qui leur garantira l'atteinte de leurs objectifs dans les deux domaines de leurs vies, au prix de plusieurs sacrifices. Elles affirment y arriver tant bien que mal, en étudiant les possibilités, en évaluant les opportunités, et en reconsidérant les priorités en fonction des situations et des contraintes temporelles auxquelles elles doivent faire face.

En effet, nous avons constaté que les stratégies de carrière des femmes interrogées se basaient sur une remise en question permanente de leurs priorités professionnelles en fonction de leurs situations familiales, s'inscrivant ainsi dans une démarche telle qu'elle est décrite par le modèle « ABC de carrière kaléidoscopique »[8] développé par Mainiero & Sullivan (2005). Dans ce sens, les femmes de notre échantillon n'ayant pas d'enfants, qu'elles soient mariées ou non, affichaient, toutes choses étant égales par ailleurs, une ambition « *démesurée* », pour emprunter le terme utilisé par l'une des répondantes, ce qui correspond à l'étape du « *challenge* ». En revanche les femmes dont les enfants sont autonomes affichent une certaine « *quête* » de l'« *Authenticité* », à l'image de cette interviewée âgée de 50 ans, ingénieure de l'audiovisuel et cheffe du département *Production* dans une entreprise de service d'un effectif de plus de 700 salariés, qui est dans une phase de remise en question, en réévaluant son parcours professionnel et la réussite de sa carrière en fonction de sa situation professionnelle et familiale actuelle. Enfin, les cadres interrogées avec des enfants en bas âge, sont dans une quête d'équilibre entre les deux facettes de leur vie « *Balance* », en essayant de modérer leurs ambitions pour ne pas rater la vie familiale.

En résumé, force est de reconnaître que nos interviewées mesurent leur réussite professionnelle à l'aune de l'équilibre entre leurs engagements professionnels et leurs responsabilités familiales. Cet équilibre entre vie familiale et vie professionnelle devient plus difficile à trouver et à maintenir quand elles doivent s'occuper de l'éducation de leurs enfants en bas âge, d'autant plus que les postes d'encadrement impliquent davantage de responsabilités et une très grande disponibilité, poussant les femmes à faire des choix, comme nous le verrons un peu plus loin.

Ces résultats correspondent à ceux de plusieurs travaux de recherche, notamment ceux de Gattiker & Larwood (1988) et de Heslin (2005) qui soulignent que les femmes définissent leur réussite professionnelle selon des standards et des préférences personnelles, qui sont donc des critères subjectifs, s'inscrivant dans une vision unique des valeurs de la vie (Shepard, 1984).

---

[8] Le modèle « ABC de carrière kaléidoscopique » décrit la carrière comme un parcours guidé par trois priorités : l'authenticité, qui consiste à rester fidèle à ses valeurs et à ses motivations personnelles ; l'équilibre, qui vise à concilier vie professionnelle et vie personnelle ; et le défi, qui pousse à rechercher des missions stimulantes, des apprentissages nouveaux et des opportunités de progression.

3.2 L'accès à l'éducation et la formation

3.2.1 L'impact des diplômes sur la carrière des femmes

Quand on leur pose la question sur le rôle que peut ou qu'a pu jouer le diplôme dans l'évolution de leurs carrières, la quasi-totalité des interviewées s'accordent pour lui reconnaitre un impact très limité voire quasiment nul.

Les déclarations de certaines répondantes vont même jusqu'à affirmer que leurs entreprises respectives n'ont jamais pris en considération le diplôme pour les promouvoir à des postes de management et/ou d'encadrement. En effet, il semblerait, que dans certains secteurs d'activité et dans certains cas, l'entreprise ne tient pas compte, du moins n'exige pas une copie du diplôme dans la constitution du dossier administratif du candidat, y compris lors du recrutement. Partant de notre expérience professionnelle qui nous a permis de connaitre le fonctionnement du marché de l'emploi et des pratiques de la GRH au Maroc, nous savions que de telles pratiques existaient, et avons eu des cas dans notre échantillon. Il s'agit, en l'occurrence des centres d'appel et de certains postes dans les magasins de la grande distribution.

Pour ce qui est des centres d'appel d'AXA Services Maroc et celui de Maroc Telecom, les deux interviewées déclarent avoir démarré leurs carrières en tant que téléconseillères pour évoluer par la suite dans des postes de management avec plus de responsabilités en progressant vers des postes d'encadrement de plus en plus élevés.

Dans le premier cas, notre interlocutrice nous a confirmé qu'en dépit de son diplôme (Bac+4) en Marketing et Communication, elle a commencé sa carrière en bas de l'échelle du premier centre d'appel qui a ouvert au Maroc en 2001, mais qu'elle a ensuite eu des promotions de façon régulière. Elle occupe désormais le poste de Responsable d'une Unité de Management (RUM) chez AXA Services Maroc, où elle gère une équipe de plus 130 personnes, après quelques passages dans d'autres entreprises dans le même domaine d'activité.

Dans le deuxième cas, l'évolution s'est faite autrement. L'interviewée nous a confié, qu'après avoir été une téléconseillère, elle a évolué, au bout de six mois, vers le poste de superviseure, puis elle a bifurqué vers l'agence. Elle est actuellement directrice d'une agence mixte classée catégorie A.

> *J'ai intégré Maroc Telecom alors que je n'avais même pas mon diplôme. Dans mon dossier chez Maroc Telecom, j'ai un bac+2 tout en sachant que j'ai eu mon Bac+4. Donc mon diplôme n'a jamais été pris en considération, jamais, à aucun moment. Ça a toujours été ton savoir-faire, ton professionnalisme, tes résultats. (Hayat, Directrice d'agence commerciale)*

Toutefois, il importe de souligner que les centres d'appel au Maroc, n'exigent pas un diplôme, mais une bonne maitrise de la langue française et un certain nombre de qualités personnelles. Notons également que dans les deux cas, les deux interviewées ont commencé en tant que téléconseillères avec des formations internes spécifiques aux activités des centres d'appel, et elles ont ensuite évolué occupant, au fur et à mesure, des postes de management et d'encadrement de plus en plus élevés, grâce à leurs compétences, comme elles l'ont déclaré.

En revanche dans les autres secteurs d'activité, les répondantes reconnaissent le rôle plus ou moins important du diplôme, surtout au moment du recrutement, même si elles ont toutes essayé de minimiser son impact sur les promotions et l'évolution de leurs carrières. Pour elles, les entreprises sont beaucoup plus regardantes sur les résultats et sur les compétences que sur le diplôme, comme en témoigne les propos de cette répondante :

> *Oui, je pense que les études ont contribué [...]. C'est les études bien évidemment ! Parce que déjà le ticket d'entrée au niveau de l'entreprise c'est le diplôme au départ. Ensuite, pour l'évolution, le diplôme ne joue pas vraiment un rôle, c'est plutôt les compétences. (Firdaous, Directrice d'agence bancaire)*

Quant à l'importance du diplôme pour l'évolution de carrière dans la grande distribution, nous avons pu constater une différence notable entre les cadres opérant dans les magasins hyper et supermarchés de toutes les enseignes confondues, d'un côté, et les cadres évoluant au sein de leurs sièges, de l'autre côté.

En effet, pour les cadres inférieures et intermédiaires opérant dans les magasins de la grande distribution, il semblerait que le diplôme n'ait pas beaucoup d'importance lors du recrutement, encore moins pour évoluer aux niveaux hiérarchiques supérieur dans ces magasins. Ainsi, et pour paraphraser une responsable du département caisse, lauréate d'une université marocaine, « *les études n'ont rien à voir avec le domaine professionnel, c'est un apprentissage sur le tas* ».

En revanche pour pouvoir évoluer dans des postes liés à la direction au sein du siège, le niveau hiérarchique semblerait être corrélé au niveau du diplôme. De surcroît, l'origine et donc sa valeur, sembleraient également jouer un rôle très important pour occuper des postes de responsabilités dans certaines fonctions plus ou moins stratégiques et/ou sensibles.

Précisons que par origine du diplôme nous entendons à la fois la notoriété de l'établissement et le pays d'origine. Ainsi toutes nos interviewées occupant un poste au sein de la direction des enseignes de la grande distribution sont issues des écoles d'excellence au Maroc ou de grandes universités françaises. Elles ont généralement un bac+5 en commerce et management. Les propos de Mme *Fatima-Zahra* (*Responsable achat senior*) renforcent ce constat :

> *Le diplôme d'une école reconnue est un plus, ce n'est pas le seul critère de choix ! Pour le recrutement ça joue un rôle important, mais pour l'évolution hiérarchique, on est plus ou moins dévoilé. Dans ce cas d'autres critères entrent en ligne, par exemple l'engagement de la personne, l'atteinte des objectifs, le degré d'intégration de la personne dans l'entreprise. Bien entendu le diplôme a son importance mais l'expérience au sein de la société et plus importante. Il faut faire ses preuves.*

En plus de l'origine du diplôme, la nature des études semblerait jouer, également, un rôle très important pour le recrutement et l'évolution de carrière, aussi bien dans le secteur de la grande distribution que dans les autres secteurs. C'est le cas notamment de deux répondantes ayant fait des études d'ingénieur : *Mme Firdaous* (*Directrice d'agence bancaire*) et *Mme Khadija* (*Responsable du département production*).

La première nous a confirmé que le poste qu'elle occupe actuellement n'est qu'une étape, nécessaire, pour pouvoir évoluer vers des postes beaucoup plus intéressants au niveau de la direction générale. Elle nous a même confié hors entretien, que les premiers préparatifs pour sa transition vers ses nouvelles fonctions et son nouveau poste sont déjà mis en place.

En dépit de ces déclarations, nous estimons que le diplôme joue un rôle central dans l'évolution de carrière des hommes et des femmes. C'est un facteur déterminant pour leur recrutement et leur avancement hiérarchique. Comme nous l'avons expliqué plus haut, les interviewées issues des grandes écoles de commerce marocaines et des universités étrangères, notamment celles françaises, ont plus de chance de réussir leur carrière en décrochant des postes plus importants, et une vitesse de promotion plus élevée que leurs consœurs lauréates des universités marocaines.

Dans ce sens, plusieurs travaux de recherche montrent la corrélation positive entre le niveau du diplôme et l'insertion professionnelle des jeunes diplômés, soulignant l'impact avéré des diplômes supérieurs sur l'évolution de carrière. Cependant rares sont les chercheurs qui se sont penchés sur la question en y intégrant l'aspect genre et en mettant l'accent sur l'origine du diplôme.

Nous pouvons avancer deux approches différentes, qui, à notre sens, expliquent l'impact direct et/ou indirect que peut avoir le diplôme sur l'insertion professionnelle et ultérieurement sur l'évolution de carrière des jeunes lauréats(e)s. Il s'agit d'une approche organisationnelle selon la théorie du signal (ou du filtre), d'une part, et d'une approche individuelle, de l'autre part. Bien qu'elles soient différentes, les deux approches se complémentent.

Selon l'approche organisationnelle, la théorie du signal appliquée au rôle de l'éducation supérieure stipule que le diplôme n'a pas d'effet sur la productivité du salarié, mais qu'il sert de signal envoyé au recruteur pour attester des compétences et des qualités du candidat diplômé. Ainsi le diplôme influence le jugement des recruteurs, favorisant les diplômes des écoles et universités les plus côtées, ce qui se traduit par une plus grande employabilité des diplômés du supérieur, et en particulier les lauréats des écoles d'excellence, abstraction faite du sexe. Qui plus est, les femmes issues de ces parcours d'excellence sont recrutées dans des postes qui correspondent généralement à leurs compétences et leurs qualifications, contrairement à celles détentrices des diplômes universitaires que l'on peut qualifier d'ordinaires ; Une situation que nous avons constatée parmi les interviewées de notre échantillon.

Dans ce sens, l'étude de Safavian-Martinon (1998) a mis en évidence la corrélation entre diplôme et attitudes de carrière. Elle confirme que les diplômés des grandes écoles développent une logique d'acteur qui se traduit dans les choix et les stratégies de carrière, de par la culture et la socialisation acquises le long de leurs cursus, et par l'intégration dans les réseaux des anciens élèves.

Dubar (1991), confirme que les diplômés (des parcours d'excellence), de par la qualité du système éducatif, peuvent à la fois acquérir les compétences et les qualifications recherchées sur le marché de travail et se construire une identité professionnelle. De ce fait, l'impact du diplôme semble être indirect, dans la mesure où ces écoles de commerce et d'ingénieur développent chez leurs lauréats un certain nombre de qualités relatives au savoir-faire et au savoir-être en plus du savoir qui est dispensé selon une approche pédagogique très différente de celle adoptée par les universités (exposés, stages, rapport, mémoires, séminaires, ateliers thématiques, jeux de rôles, etc.), ce qui est à même de développer un certain nombre de compétences et une confiance en soi, que les lauréats des universités ne posséderont pas à la fin de leur cursus.

Par ailleurs, l'auteur évoque les transitions récentes en matière de recrutement qui font que « *la possession d'un diplôme n'assure plus, de manière quasi automatique, l'entrée dans un emploi "classé" selon un niveau correspondant à celui du diplôme* ». Selon lui, les entreprises ont abandonné le critère de qualification (équivalant à un niveau de formation sanctionné par un diplôme) en faveur de celui de compétence (impliquant une expérience professionnelle en plus de qualités personnelles : autonomie, sens des responsabilités, engagement pour l'entreprise, etc.). Ceci explique, jusqu'à certains égards, les pratiques de recrutement et de promotion décrites pas certaines de nos interviewées qui évoquent la prédominance des compétences dans les organisations, reléguant les diplômes au second plan.

Cependant, force est de constater que les deux approches font abstraction du sexe. Or, plusieurs études dans les pays occidentaux, notamment en France, portant une attention particulière sur les statistiques et les pratiques genrées de recrutement, ont montré qu'à diplôme égal, les femmes trouvent plus de difficultés que les hommes pour décrocher un premier emploi.

Dans la même veine, les résultats de l'étude de Safavian-Martinon (ibid.) montrent que la logique d'acteur n'est pas confirmée pour les femmes, même si dans le cas du Maroc, la situation des femmes diplômées du supérieur semble être favorisée par la nature et l'origine du diplôme. En effet, nous avons constaté que les femmes lauréates des écoles d'excellence occupent généralement des postes plus intéressants que leurs consœurs issues des parcours ordinaires (universités publiques par exemple), en termes de responsabilités, de salaire, de niveau hiérarchique et de vitesse de promotion. D'ailleurs, nous avons constaté que, parmi les cadres faisant partie de notre échantillon, seules les femmes ayant un diplôme très « prisé » ont eu un parcours de carrière plus intéressant.

3.2.2 L'accès des femmes à la formation continue

Toutes les répondantes affirment que les entreprises dans lesquelles elles évoluent sont équitables entre hommes et femmes en matière de formation et développement. Il s'agit selon *Mme Assya* (*Responsable de service caisses*) d'une « *égalité des chances entre les hommes et les femmes, [qui] ne dépend que de la compétence de la personne* ».

Par ailleurs, *Mme Laila* (*Responsable de formation*) nous confirme que les femmes sont moins demandeuses de formation continues de longues durées.

> *Le fait de favoriser plus l'homme pour suivre une formation ça n'existe pas ! Du moins dans notre entreprise, mais il y a des formations où c'est la personne qui est demandeuse de cette formation, surtout tout ce qui est formation longue durée. Et peut-être là, les hommes demandent plus que les femmes cette formation, parce qu'ils ont plus de temps à y consacrer.*

Paradoxalement, 21 femmes, déclarent avoir suivi au moins une formation continue diplômante dans un établissement d'enseignement supérieur, qu'il soit public ou privé, pour améliorer leurs compétences et donner plus de visibilité à leurs profils ou encore pour réorienter leurs carrières.

D'ailleurs, la plupart des répondantes ayant déclarées avoir suivi une formation continue diplômante, confirment l'avoir fait dans l'une des spécialités relatives au management, au marketing, à la finance ou encore aux ressources humaines et communication dans l'une des écoles les plus côtées au Maroc, et pour certaines d'entre-elles la formation était à distance avec des établissements français qui leur délivrent un diplôme en fin de parcours. Cette pratique est devenue très courante ces dernières années au Maroc. Il s'agit d'une stratégie adoptée par un très grand nombre d'hommes et de femmes afin d'améliorer leur employabilité et contrecarrer ainsi le chômage qui touche les jeunes diplômés, particulièrement les femmes. Pour certains, qui ont réussi leur entrée dans le monde professionnel, c'était un moyen d'étoffer leurs compétences afin de pouvoir aspirer à des postes plus élevés comme en témoignent les propos cette répondante.

> *Un certain moment j'ai senti que j'ai commencé à stagner. Je n'avançais plus. Je n'apprenais plus. Donc j'ai commencé à*

chercher ailleurs et j'ai en même temps commencé un master en consulting à l'école Hassania. (Lina, Directrice de qualité)

Enfin, pour d'autres, ce type de formation leur permet de compléter leurs formations d'ingénieurs, puisqu'elles étaient amenées dans leurs carrières à bifurquer vers des postes de management et d'encadrement.

Bien qu'il soit en contradiction avec les déclarations de notre interviewée responsable de formation dans une très grande organisation, qui nous a confirmé que les femmes sont plutôt dans une dynamique privilégiant les formations de très courte durée, ce constat trouve son explication, à notre sens, dans deux points : une inadéquation entre les besoins de l'entreprise et les formations proposées, d'un côté ; et les stratégies de carrière des femmes, de l'autre côté.

La formation se fait en fonction des besoins de l'entreprise et des profils. A mon sens il n'y pas de discrimination selon que l'on est homme ou femme. (Kaoutar, Responsable contrôle de gestion)

De plus, la formation continue se fait généralement sans aménagement des tâches qui leur incombent ce qui crée une surcharge de travail qui vient empiéter sur leurs vies personnelle et familiale.

Par ailleurs, le problème se situe plutôt au niveau de la politique générale de l'entreprise en matière de formation et de développement de ses ressources ou de son capital humain, qu'au niveau de pratiques discriminatoires entre les deux sexes. En effet, en l'absence d'une véritable stratégie nationale relative à la formation continue, les entreprises marocaines n'accordent que très peu d'importance à la formation et au développement, comme en témoignent les propos de cette répondante, qui affirme avoir eu accès à la formation à posteriori de son affectation à la direction d'une agence commerciale. Elle affirme également que cette formation ne répondait pas à ses besoins en tant que directrice d'agence pour bien mener sa mission (gestion des conflits, …).

> *Malheureusement je n'ai pas eu droit à une formation avant. Ils m'ont dit : voilà ton agence, tu n'as qu'à la gérer ! Donc là il faut vraiment se débrouiller, et c'est de l'autoformation au vrai sens du terme. Si on t'a fait confiance pour t'attribuer ce poste, c'est que tu peux être à la hauteur même sans formation. […]. Donc il n'y a pas de discrimination entre homme et femme, tout le monde a droit à la même chose. (Hayat, Directrice d'agence commerciale)*

Comme elle, d'autres interrogées affirment avoir eu un accès tardif, voire pas du tout d'accès, aux formations dont elles avaient besoin, et qui leurs étaient nécessaires pour améliorer leurs compétences ou tout simplement s'assurer du bon déroulement de leurs missions. Pourtant, il est indéniable, selon elles, que ces formations constituent une condition sine qua non pour l'amélioration de leurs propres performances, celles de leurs équipes et par ricochet celle de l'entreprise.

3.3 Réseaux, népotisme et cooptation : apanage des hommes ?

3.3.1 Réseautage et mentorat : un accès limité pour les cadres marocaines

Nous avons montré, dans la première partie de cette thèse, que la littérature considère les réseaux comme étant un facteur favorisant l'évolution de carrière. Ils constituent des soutiens à la carrière (Kanter, 1977), grâce notamment au renforcement de sa propre notoriété (Sophie Landrieux-Kartochian, 2003), et accroissent l'influence (Brass, 1985; Guillaume & Pochic, 2009) dans le but de décrocher des promotions et évoluer hiérarchiquement. Cependant Bass (ibid.) précise que les réseaux centraux les plus influents demeurent masculins, et sont plutôt favorables aux hommes qu'aux femmes en matière d'accès aux postes de direction (Acker, cité dans Buscatto & Marry, 2009). D'autant plus que lorsque les femmes parviennent à accéder à des réseaux, ils sont souvent marginaux et donc sans influence pour les promotions (Bass, Ibid.).

Dans le cas de notre enquête, pas moins de huit répondantes de notre échantillon affirment avoir décroché des postes grâce à leurs réseaux, à l'image de cette ingénieure commerciale qui affirme saisir des opportunités de carrière à travers son propre réseau d'amis et d'ex-collègues, parfaitement informés de ses réalisations et ses performances.

> *Je n'ai chômé aucun jour, jusqu'au jour d'aujourd'hui. Et pendant onze ou douze ans de carrière, je n'ai jamais déposé un CV. C'était tout le temps par recommandation. (Mouna - Ingénieure commerciale)*

Soulignons toutefois que toutes ces répondantes ont évoqué des réseaux informels comme un moyen permettant d'accéder à des postes supérieurs, comme le suggère les chercheurs y compris dans d'autres pays musulmans (Abidin et al., 2009). Elles ont cependant évoqué les difficultés qu'elles rencontrent pour développer et entretenir les réseaux, particulièrement les réseaux formels auxquels elles n'ont accès que rarement, voir jamais.

> *Il y a des réseaux dans les entreprises. Des réseaux formels et des réseaux informels qui sont difficiles à pénétrer par les femmes. […] beaucoup de choses se font dans l'informel au Maroc. Il y a également des réseaux informels qui sont plutôt masculins que féminins. (Khadija - Cheffe du département production)*

De cette déclaration, nous pouvons dégager deux points. D'abord les pratiques relatives aux décisions de recrutement et/ou de promotion se font, pour une bonne partie, de manière informelle, c'est-à-dire qu'elles ne se basent pas sur des critères objectifs. Ceci nous a été confirmé, explicitement ou implicitement, dans les propos de toutes les autres interviewées ; ce qui explique d'ailleurs le recours de certaines cadres interrogées aux réseaux informels, à l'image des résultats de l'étude de Schor (1998), qui soulignent au passage l'importance de la volonté des femmes de développer ces réseaux.

Aussi, les propos de cette répondante mettent l'accent sur le caractère masculin et peu perméable des réseaux qu'ils soient formels ou informels, et donc sur les difficultés des femmes à en faire partie, comme l'a confirmé une autre répondante : « *Je pense que les femmes ont accès aux réseaux moins que les hommes, parce que déjà les hommes sont plus représentés dans les postes managériaux que les femmes* » (*Laila, Responsable de formation*).

En effet, pour quasiment toutes les femmes cadres interrogées, les réseaux bénéficient nettement, voir exclusivement aux hommes, puisque, pour elles, ces réseaux sont constitués majoritairement ou uniquement d'hommes qui préfèrent rester entre eux. Ces propos vont dans le même sens que les conclusions d'études réalisées dans le monde occidental, notamment celles conduites par Catalyst (2001, cité dans Landrieux-Kartochian, 2003) qui soulignent l'exclusion des femmes des réseaux informels comme étant une barrière à leur avancement hiérarchique. D'autant plus que la majorité de nos interviewées affirmant faire partie de certains réseaux, ne font partie en réalité que de certains réseaux très souvent féminins favorisant le soutien et les relations, comme l'avait expliqué Ibarra (1992).

Ainsi, dans un environnement professionnel, où règnent sociabilité et réseautage entre hommes, nos répondantes déclarent se sentir démunies face à cette situation, comme le reconnait l'une d'entre elles : « *avoir des relations est très important pour la carrière* », et d'ajouter : « *il est vrai que cela [absence de relations] limite les opportunités des femmes* » (*Selma, Directrice Marketing*). De plus, 80% des cadres interrogées manifestent, à travers leurs propos, des réticences au développement des réseaux informels tout en reconnaissant leur importance pour la carrière, ce qui va à l'encontre des préconisations de Schor (1998).

Si l'on croit les propos des femmes de notre échantillon, ces réticences sont imputables à des raisons relatives principalement à la surcharge de leur emploi du temps, à leurs responsabilités familiales, et au poids de la culture locale. Dans ce sens, l'une de nos répondantes nous a expliqué que la surcharge de travail qu'elle a dans son entreprise ne lui laisse pas assez de temps pour cultiver son réseau au-delà des heures et lieu de travail, et qu'elle préfère plutôt consacrer le temps qui lui reste à sa famille.

> *Moi c'est maison-travail, travail-maison. J'accorde le peu de temps qui me reste à mes enfants et ma famille. (Sarah, Responsable d'unité de management)*

Comme elle, plusieurs autres participantes à notre étude ont confirmé cette situation, où l'on doit faire face aux difficultés pour trouver l'équilibre entre une vie professionnelle très exigeante, et une vie familiale largement prenante. Elles ont toutes inéluctablement évoqué le poids des coutumes et des traditions qui continuent à entretenir un clivage hommes-femmes dans tous les aspects de la vie. Selon elles, les femmes qui entretiennent des relations amicales avec des hommes sont mal vues, qu'elles soient célibataires ou mariées, car ces relations sont considérées malsaines par la société, et elles essaient de les éviter, et éviter ainsi d'être montrée du doigt.

> *Vous connaissez la mentalité des marocains ! Si on te voit avec quelqu'un la première fois il faut t'estimer heureux si on la laisse passer. La deuxième, la troisième fois ils se disent : ça y est il y a une relation entre ces deux-là ! (Narjiss, Directrice de magasin)*

Pour d'autres femmes dont les conjoints sont plus ouverts, elles affirment qu'elles ne voient pas de mal à entretenir des relations amicales avec des collègues et/ou des amis masculins, tout en prenant une série de mesures par lesquelles elles évitent de tomber dans des situations embarrassantes. Ainsi certaines mettent l'accent davantage sur une apparence physique neutre (tenue vestimentaire, maquillage, coiffure) et une attitude qui doit être sans équivoque (le gestuel, le langage, les sujets, etc.). D'autres précisent également l'importance de la transparence et de la communication entre couple pour éviter des situations de malentendus, à l'image de cette DGA âgée de 55 ans qui souligne l'importance d'avertir le mari pour « *enlever tout amalgame* ».

Par ailleurs, afin de compenser leur faible accès aux réseaux, les femmes essaient d'avoir accès à l'information, exactement sur le même pied d'égalité que leurs homologues masculins. Cette quête de l'information se fait le plus souvent de façon informelle, avec pour objectif d'améliorer leur efficacité professionnelle, voire s'informer et saisir des opportunités d'évolution, qu'elles soient internes ou externes à leur organisation. Cependant, selon nos répondantes, les stratégies permettant d'obtenir les informations changent selon le sexe. Tandis que les hommes sont dans le copinage et le réseautage pour rester informés, les femmes quant à elles utilisent d'autres moyens comme l'humour ou la séduction.

> *[...] et là encore chaque sexe, use de ses moyens, un homme va essayer d'établir des relations extraprofessionnelles pour y arriver, alors que la femme usera de son charme et ses pouvoirs de séduction, à ses risques et périls. Elle ne peut pas être amie avec tous les hommes et faire des programmes ensemble. (Mouna, Ingénieure commerciale)*

Corollaire des réseaux, le mentorat, au sens où le mentor participe à l'amélioration de la confiance en soi et des compétences du protégé en lui facilitant également l'accès à la formation et l'information (Ragins, 1989), semble être pratiquement méconnu de nos répondantes. En effet, à la question relative au mentorat, bon nombre de nos répondantes esquissent des réponses en marge du concept et tendent à le confondre avec d'autres concepts, notamment celui de réseau, et l'appréhendent dans le sens strict du terme qui ne va pas au-delà d'une relation de coaching, dans le sens d'un transfert de savoir-faire et/ou de compétences, à l'image de cette interviewée qui déclare :

> *J'ai fait appel à une personne qui connaissait un autre directeur d'agence, qui a fait les présentations [...], donc à chaque fois que j'étais bloquée, je pouvais l'appeler. Donc si j'ose dire, je lui*

dois tout ce que je sais actuellement, c'est grâce à lui que j'ai pu m'en sortir. (Hayat, Directrice d'agence)

Ainsi, le mentorat qui joue un rôle important dans l'avancement hiérarchique aussi bien pour les femmes que pour les hommes (Farris & Ragan, 1981; Ibarra, 1992), ne semblerait pas fonctionner au Maroc puisque les entreprises n'y accordent pas de l'importance, comme le démontre la déclaration ci-dessus. Ceci peut s'expliquer, à notre sens, par le fait que les hommes mentors sont moins enclins à établir des relations de mentorat avec des femmes tant que ces dernières n'ont pas fait leurs preuves (Ibarra, 1992), et se retrouvent *ipso facto* sans support à même de les défendre activement pour les formations, voire les promotions (Akpinar-Sposito, 2013).

Pour d'autres déclarantes, quatre jeunes femmes cadres parmi les trente-trois de notre échantillon, cela s'est passé tout naturellement. Sans être dans une démarche de recherche de mentor par elles-mêmes, et en l'absence d'une politique de l'entreprise en la matière, la relation mentor/mentorée s'est établie spontanément entre ces jeunes femmes et leurs supérieurs hiérarchiques respectifs, qui ne sont d'ailleurs que des hommes.

Moi ce qui m'a valu quelques postes c'est le fait qu'on voyait en moi [...] sa fille. Donc il veut m'aider. M'aider, justement par me montrer par où passer. Mais, comme je vous ai dit, je suis quelqu'un d'indépendant, mes postes je les ai eus de moi-même. Après pour avoir un contact ou pouvoir avancer dans mes objectifs, il y avait des personnes, des hommes qui voyaient en moi leur fille qui réussissait de manière légitime, qui m'aidaient. (Majdouline, Directrice académique)

Les déclarations de cette interviewée montrent que cette relation mentor/mentorée est particulière. Il s'agit plutôt d'une relation de management paternaliste, où les supérieurs de sexe masculins essaient de coacher et d'aider les jeunes femmes cadres pour qu'elles réussissent leurs carrières, en les considérants comme leurs propres filles. D'autant plus que ces jeunes femmes cadres sont elles-mêmes dans une quête de ce type de relation de bienveillance, à l'image de cette ingénieure commerciale qui nous a expliqué avoir beaucoup appris de son directeur qu'elle voyait en lui « un *père virtuel ! Le père qu'[elle n'a] jamais eu [...], avec son autorité, son intelligence* ».

Ce constat rejoint certaines études, notamment celle de Eddaki et Maghni (2005; cité dans Frimousse & Peretti, 2006) qui expliquent que le management et/ou l'encadrement de type paternaliste est privilégié au Maroc par tous les salariés. Ils sont tous dans une quête de relations affectives avec leurs supérieurs (Frimousse & Peretti, 2006). Néanmoins, d'après l'analyse de nos entretiens, il semblerait que ce style de management est particulièrement recherché par les jeunes femmes qui, dans une société patriarcale où les hommes dominent, cherchent des relations paternalistes pour se sentir en sécurité vu qu'elles soient protégées par des hommes. Qui plus est, elles profitent de ces relations pour leur apprentissage professionnel et l'amélioration de leur confiance en soi, comme l'ont affirmé plusieurs répondantes ; et d'ajouter que ce type de relation ne peut être développé entre elles et des supérieurs hiérarchiques femmes.

D'ailleurs, ce type de relation, entre femmes de rangs hiérarchiques différents (supérieures et subordonnées), est très critiqué par nos répondantes, et décrit par des termes très durs, évoquant des rapports très souvent conflictuels où les femmes sont dans une compétition agressive, à l'image de la métaphore de « *la guerre des étoiles* » employée par l'une d'entre-elles.

3.3.2 Népotisme, régionalisme et copinage

Dans leurs réponses à notre question relative aux réseaux et au mentorat, nous avons décelé une tendance à confondre, chez nos répondantes, réseautage et favoritisme sous ses différentes formes : copinage, népotisme ou régionalisme. Nous avons donc essayé de rebondir en écho et/ou en relançant les interviewées, pour approfondir leurs propos, d'autant plus que cela constituait l'une de nos pistes de recherche.

En effet, nous partons du constat que l'environnement sociétal au Maroc est basé sur un « *sentiment communautaire et clanique* »

(Frimousse & Peretti, 2006), et voulons explorer les pratiques de copinage, de népotisme et du régionalisme, et leur impact sur le recrutement et la promotion des femmes dans les organisations au Maroc.

De prime abord, toutes les répondantes reconnaissent le phénomène et confirment son existence. Néanmoins, à partir de leurs réponses, deux tendances se dessinent : les répondantes qui confirment l'existence du népotisme, et les autres qui essaient de minimiser le phénomène, notamment dans les entreprises auxquelles elles appartiennent, à l'image de *Mme Firdaous* (*Directrice d'agence*) qui déclare que le népotisme existe dans son organisation, mais « *à petite échelle* ». Or, bon nombre de répondantes montrent du doigt le secteur bancaire, comme étant le secteur qui incarne le plus le favoritisme et le népotisme au Maroc. Les propos de cette directrice académique du pôle formation continue dans l'un des plus grands établissements d'enseignement supérieur privé au Maroc, illustre ce constat partagé par nos répondantes :

> *J'ai un nom en principe qui passe dans des réseaux un peu régionaux ! (Rire) mais, oui quand on appartient à la famille… ; Mais ça c'est pour l'homme et pour la femme ! C'est ce que nous a valu aujourd'hui hiérarchiquement parlant, la hiérarchie qu'on a. Surtout dans le secteur bancaire, c'est connu, etc. ! Oui, quand on a un nom de famille, oui ! Mais ça joue plutôt pour l'homme que pour la femme. La femme c'est très rare où elle utilise son nom. Chez les hommes ça passe très bien, chez les femmes c'est un peu rare. (Majdouline, Directrice académique)*

Les propos de cette déclarante sont intéressants à bien des égards. D'abord, elle fait référence au régionalisme en plus du népotisme, en affirmant que certains patronymes passent mieux, voire sont prioritaires parce qu'ils signifient l'appartenance à une élite et/ou à une région. Ensuite, elle fait allusion à l'impact positif que peuvent avoir ce type de favoritisme et certains patronymes en matière de recrutement et de promotion, puisqu'elle évoque le cas de cet établissement dont les fondateurs et le conseil d'administration sont pour la majorité des familles fassies, qui ont choisi de mettre un PDG dont le patronyme est fassi. Enfin, elle fait allusion au fait que le népotisme et le régionalisme jouent davantage en faveur des hommes en matière de recrutement et de promotion, et que les femmes n'en profitent pas autant que les hommes.

Or, d'autres participantes affirment que le favoritisme profite aussi bien aux femmes qu'aux hommes et qu'il n'est pas rare de trouver des femmes propulsées à des postes hiérarchiques supérieurs, avec des salaires très élevés en raison de leurs patronymes. Nos répondantes expliquent cette situation, entre autres, par la nature et la structure des entreprises, qui sont des structures généralement familiales, pour paraphraser l'une d'entre elles. Ce constat, va dans le sens des résultats publiés dans le cadre de l'enquête menée par le cabinet LMS-CSA (2013) pour le compte du Ministère des Affaires Générales et de la Gouvernance, qui montrent que les femmes qui arrivent à franchir le cap du dernier triangle du sommet hiérarchique des organisations au Maroc ont des affiliations avec les patrons de leurs organisations.

D'autres cadres interrogées évoquent les possibilités qui sont offertes à ces femmes appartenant à des familles « *fassies* », en matière d'éducation et de réseaux. En effet, l'une des interviewées explique que les femmes dont le patronyme fait partie des grandes familles fassies profitent généralement de la situation familiale aisée pour faire des études dans les meilleures écoles marocaines et à l'étranger et dans les meilleures filières. Elles profitent également des réseaux familiaux pour rester informées des opportunités de recrutement, voire d'évolution de carrière.

> *Donc vu les noms qu'elles portent, elles ont des réseaux familiaux, en plus vu les études qu'elles ont faites, en France, aux Etats Unis...donc ces gens-là profitent de leur réseau familial dans le cadre des relations professionnelles. (Samira, Contrôleuse de gestion)*

Cette analyse rejoint les résultats de l'étude de Scarfo' Ghellab (2006) qui soulignent la corrélation entre l'évolution du parcours professionnel et le parcours scolaire, qui lui-même est tributaire des origines sociales de l'individu. Néanmoins, l'auteure ne va pas jusqu'à évoquer l'impact du patronyme sur le déroulement de carrière.

Enfin, toutes les interviewées ayant reconnu l'impact positif d'un patronyme fassi sur le déroulement des carrières, y compris celles des femmes, ont évoqué une espèce de fierté et d'estime de soi très élevées chez les personnes faisant partie de ces familles, doublées d'une estime pour les autres qui portent le même patronyme ou un nom de famille fassi synonyme d'origines élitistes, et donc la même appartenance que soi.

> *[...] quand on est éduqué dans une famille de Benchekroun par exemple, où on nous a éduqué depuis notre bas âge à être fier de notre nom. Et j'ai assisté parfois à des discussions comme ça. Ça me choque, je reste bouche bée ! [...] j'ai de l'estime pour moi, rien que parce que je m'appelle untel ! Donc la personne qui s'appelle untel, j'ai de l'estime pour elle. Parce que pour moi rien que ce nom a de la valeur et donc j'aurais tendance à favoriser l'ascension d'une personne du même nom. (Imane, DRH)*

Ainsi, selon nos répondantes, le patronyme peut valoir un recrutement ou une promotion à son porteur, si la personne en face est sensible à ce genre d'appartenance patronymique, c'est-à-dire avoir les mêmes origines élitistes.

Notons que le poids de ce genre de pratiques varie selon les secteurs d'activité. En effet, 40% des femmes de notre échantillon n'hésitent pas à désigner le secteur financier (Banques, établissements de crédits, assurances) comme étant le secteur où ces pratiques sont les plus courantes, alors qu'elles le sont beaucoup moins dans d'autres secteurs d'activité. Ainsi si l'on croit nos interviewées, le secteur de la grande distribution serait le secteur où le népotisme, le régionalisme et le copinage sont le moins présents. La totalité des cadres femmes interrogées de la grande distribution, soit la moitié de notre échantillon, affirme que ces pratiques n'existent pas, ou alors très peu, dans leurs entreprises, et que les recrutements et les promotions se font au mérite, que l'on soit homme ou femme. Seule une répondante, admet l'existence, à très petite échelle, de ces pratiques profitant particulièrement aux femmes, au niveau du siège.

> *[…] ça existe, mais pas avec la même importance que dans d'autres secteurs et ça profite pour les deux sexes, et c'est beaucoup plus les femmes que les hommes. On a toujours entendu qu'une telle a été pistonnée par untel. (Ranya, RRH)*

Dans le même sillage du népotisme et du régionalisme, les répondantes dénoncent le copinage qui peut exister dans les organisations et qui peut bloquer leurs promotions. Elles précisent également que ces relations de copinage existent particulièrement entre hommes, ce qui nous rappelle les tendances homophiles chez les hommes au sens de Lipman-Blumen (1976). En effet, nos répondantes évoquent sans hésitation et à l'unanimité, les facilités et les préférences qu'ont les hommes pour rester entre eux, en dehors des heures et lieux de travail, développant ainsi des relations informelles et extraprofessionnelles qui vont, à leurs tours renforcer les relations professionnelles qui se manifestent à travers un favoritisme notamment dans les promotions, où certains individus n'hésitent pas à promouvoir leurs amis (hommes) au mépris des principes de l'égalité et de la méritocratie.

> *Quand il a fallu choisir c'est cet homme-là qu'ils ont choisi, avec une réputation qui n'allait pas très bien, avec un historique qui était complètement ambiguë parce qu'il y a eu des fraudes, il y avait pas mal de choses, mais c'était le « Copain » ! C'était les soirées, c'était les… ! « On fait ensemble les machins, les trucs ! ». (Sarah, Responsable d'Unité de Management)*

3.4 Les stéréotypes et les doxas à l'endroit des femmes

Plusieurs travaux de recherche démontrent l'impact négatif des préjugés et des stéréotypes de genre sur l'avancement hiérarchique des femmes vers le sommet des organisations (Camussi & Leccardi, 2005; Heilman, 2001; Schein, 1973, 1975, 1976), en dénigrant par exemple leurs capacités professionnelles sur le seul critère du genre (Camussi & Leccardi, 2005). Cette situation est d'autant plus pesante sur les femmes que leur nombre baisse au fur et à mesure que l'on monte vers les niveaux hiérarchiques les plus élevés (Kanter, 1977).

Or, les déclarations de presque le tiers des participantes à notre étude prennent le contrepied de la littérature, puisqu'elles estiment ne pas avoir fait l'objet de préjugés et/ou de stéréotypes de genre sur leurs lieux de travail.

> *Moi personnellement je n'ai pas senti qu'on me collait un certain stéréotype. Je ne sais pas pourquoi ? Et je pense que ces stéréotypes existent surement. (Khadija, Cheffe du département production)*

Comme elle, d'autres répondantes, bien qu'elles reconnaissent l'existence de certains préjugés et stéréotypes, affirment ne pas en faire l'objet, et expliquent cela par le fait qu'elles appartiennent à des « *entreprises bien structurées et des multinationales avec des gens ouverts d'esprit, avec des diplômes* », comme l'a déclaré Mme *Fatima-Zahra* (*Responsable achat senior*).

D'autres interviewées, en revanche, estiment que les stéréotypes et préjugés existent en milieu professionnel, et s'adressent aux femmes quels que soient leurs statuts et leurs niveaux hiérarchiques. De plus, ils peuvent émaner des supérieurs hiérarchiques, des collègues, des subordonnés ou encore des clients, comme nous le confirme cette directrice de magasin dans la grande distribution :

> *Quel que soit le niveau de l'interlocuteur, parfois c'est un professeur universitaire [...] quand il parle à une femme, il sort*

des phrases du genre : « ce n'est qu'une femme ! (Narjiss, Directrice de magasin)

Ainsi, aux dires de ces deux répondantes, qui évoluent dans le même secteur d'activité, il semblerait que les préjugés et les stéréotypes négatifs à l'endroit des femmes soient, au-delà du niveau intellectuel et du diplôme, tributaires du degré d'ouverture et du milieu socioculturel dans lequel évolue l'individu, qu'il soit privé (la famille) ou public (l'école et le milieu professionnel), et des schèmes relatifs aux rôles de genre véhiculés.

Néanmoins, et malgré la nuance que l'on a remarquée dans les déclarations de certaines participantes, la culture locale et la socialisation précoce déterminent les comportements et les attitudes des hommes et des femmes, que l'on soit dans le domaine privé (à la maison, en famille) ou dans le domaine public (dans le milieu professionnel, en organisation) ; d'où le regard porté par les hommes sur les femmes cadres au Maroc, qui les considèrent des femmes avant de considérer leurs statuts et leurs compétences.

On va dire que la femme est compétente, mais elle est aussi une femme ! Donc on fait l'amalgame, et on la regarde ainsi, comme on peut la regarder en tant que compétence. (Selma, Directrice marketing)

Il en résulte, selon nos enquêtées, que les femmes cadres au Maroc sont supposées être moins ambitieuses, moins compétentes et moins bien armées que les hommes pour avoir les mêmes performances et atteindre les mêmes objectifs qu'eux. Ce constat va dans le sens d'autres études réalisées dans d'autres pays (Adler & Izraeli, 1994).

Partant, les femmes cadres se retrouvent obligées de fournir davantage d'efforts que leurs homologues masculins pour faire démonstration de leurs compétences et ainsi prouver leur légitimité dans les postes qu'elles occupent, et pouvoir espérer à des promotions vers des postes hiérarchiques plus élevés, exactement comme le constate Tharenou (1999).

Normalement si tu veux montrer tes compétences, il faut faire des efforts. Mais toujours est-il que c'est la femme qui doit fournir plus d'efforts que l'homme, parce qu'on a toujours cette image fausse de la femme. (Kaoutar, Responsable contrôle de gestion)

Outre le fait de devoir toujours faire ses preuves et démontrer ses compétences, les femmes se sentent également obligées de prouver qu'elles sont aussi intelligentes que leurs homologues masculins, et qu'elles sont capables d'occuper des fonctions ou de s'acquitter des missions et des tâches qui demandent un niveau intellectuel élevé.

J'ai toujours eu l'impression que lorsqu'il s'agissait d'un truc qui nécessitait un peu plus d'intelligence, la hiérarchie faisait appel aux hommes, je n'ai jamais compris pourquoi, mais on a fini par prouver le contraire. (Hayat, Directrice d'agence)

Les propos de cette interviewée, confirmés par ceux d'autres participantes, vont dans le sens des résultats d'autres études qui ont démontré l'existence des stéréotypes reléguant les aptitudes intellectuelles et cognitives des femmes à un rang inférieur par rapport aux capacités et aux aptitudes des hommes (Bourdon & Cleaver, 2000; Plante et al., 2010; Shih et al., 1999; Watt, 2008).

En plus des facultés cognitives et compétences des femmes, supposées être inférieures à celles des hommes, les femmes sont préjugées comme étant moins disponibles et moins aptes pour occuper certaines fonctions, particulièrement les postes qui nécessitent des facultés intellectuelles très élevées et/ou une grande disponibilité, comme le déclare cette directrice d'agence, qui bien qu'elle évoque ces préjugés, affirme être très autodidacte pour apprendre les rouages et tout le volet technique lié à son poste et ceux de ses subordonnées, être débrouillarde et habile pour solutionner les problèmes qu'elle rencontre au niveau de l'agence ; qui plus est, elle est totalement disponible pour son agence et ne compte pas ses heures de travail.

> *Tout ce qui a un caractère d'urgence, on n'y met pas une femme. On a peur qu'elle ne soit pas là au moment voulu. […] on se dit qu'elle aura peur, elle ne saura pas réagir, elle ne sera pas en mesure de réfléchir rapidement. (Hayat, Directrice d'agence)*

Dans la même veine, une autre déclarante évoque des préjugés relatifs à la capacité des hommes à « *assumer plus de responsabilités* » (*Kenza, Directrice de magasin*) que les femmes, bien que la moitié des cadres de notre échantillon affirment qu'« *à poste égal, [les femmes ont] les mêmes responsabilités* » que leurs homologues masculins (*Samira, contrôleuse de gestion*). Même son de cloche chez une autre répondante, qui affirme qu'à postes égaux « *les femmes trinquent plus* » (*Majdouline, Directrice académique*) puisqu'elles travaillent davantage que les hommes pour qu'elles puissent s'affirmer.

Une autre répondante enchaine, dans son développement, sur les postes dans lesquels on affecte les femmes, en faisant référence à des affectations stéréotypées, basées sur des critères sexistes.

> *Les femmes c'est beaucoup plus le contact client, …des postes où elle peut […] user de son charme pour détendre l'atmosphère, mais […] ce n'est pas de la séduction ! (Mouna, Ingénieure commerciale)*

Cette déclaration rappelle la stéréotypisation des métiers selon le sexe comme nous l'avons vu dans la première partie de cette thèse, et les qualités et compétences supposées être possédées par les hommes contrairement aux femmes. Néanmoins, ces affectations stéréotypées renvoient intrinsèquement à d'autres stéréotypes et préjugés péjoratifs et désobligeants, comme l'illustre ce cas où l'interviewée fait allusion au recours des femmes à la séduction pour arriver à leurs fins.

D'ailleurs, nous retrouvons, dans les déclarations d'autres femmes cadres, des stéréotypes et préjugés désobligeants, que la société marocaine continue à véhiculer. En effet, 8 femmes cadres, soit 40% de notre échantillon, évoquent des préjugés qui circulent dans leurs organisations, et dans la société marocaine de façon générale. Ces stéréotypes et préjugés sont une suite logique et conséquence directe du dénigrement des compétences des femmes et de leurs capacités à occuper des postes de management et/ou de direction.

Si l'on croit les propos de nos interviewées, les femmes qui réussissent leurs carrières et se hissent aux niveaux hiérarchiques supérieurs sont souvent soupçonnées d'adopter des attitudes et des comportements heurtant les mœurs, en faisant du charme au supérieur hiérarchique par exemple, voire même avoir des liaisons illégitimes avec les décideurs ou les supérieurs hiérarchiques, pour arriver à leurs fins.

> *On peut entendre des stéréotypes du genre : « si elle occupe ce poste c'est parce qu'elle sort avec le directeur ». (Bouchra, Cheffe du service caisses)*

Ainsi, bien que les femmes interrogées aient essayé de minimiser, ou même d'ignorer l'impact des stéréotypes et préjugés à caractère sexiste, elles ont bel et bien reconnu leur existence. Des stéréotypes et préjugés qui, globalement, véhiculent une image sur les femmes comme étant moins compétentes et moins aptes que les hommes, parce que moins disponibles et moins intelligentes, et qui ne réussissent que par ce qu'elles adoptent des comportements et des mœurs douteuses, ou parce qu'elles profitent du favoritisme et du clientélisme.

> *Si telle ou telle femme est arrivée à un poste, c'est parce qu'elle a quelqu'un ou parce qu'elle a fait, je ne sais quoi pour y arriver. Et ces préjugés sont un peu partout, toutes les fonctions. (Lina, Directrice de la qualité)*

> *La femme cadre, si elle est là c'est parce qu'elle est l'amie de quelqu'un ! Parce qu'elle a fait du charme à quelqu'un ! C'est parce que c'est la femme à quelqu'un ! C'est parce que c'est la petite amie à quelqu'un ! Et si elle est là, c'est juste pour la forme ! Elle va passer son temps à parler au téléphone ! …c'est*

ça, en fait, ce que les gens ont en tête. (Mariam, Cheffe de département textile)

Ce manque de reconnaissance à l'égard de leurs valeurs professionnelles, et ce regard accusateur que porte la société marocaine en général, et les hommes en particulier sur ces femmes cadres, les poussent à fournir davantage d'efforts pour démonter leurs compétences, et être très attentives à leurs comportements dans les milieux professionnels, au risque de passer pour des femmes « *avec un comportement et des attitudes d'hommes* » dans certaines circonstances comme nous l'explique *Mme Wafae* (*DGA d'un grand groupe d'assurance*).

Pour d'autres répondantes, ce genre de comportements est inévitablement nécessaire, pour assoir leur autorité, comme nous allons voir dans la troisième section de ce chapitre, et/ou pour enlever toute ambiguïté à même d'apparaître dans certaines situations professionnelles dans lesquelles les hommes ont tendance à confondre les rapports professionnels avec les relations personnelles.

Chapitre 4. L'ARTICULATION VIE FAMILIALE ET VIE PROFESSIONNELLE DES CADRES MAROCAINES

L'articulation entre la vie familiale et la vie professionnelle est abordée dans la littérature en termes de conflit entre les deux[9]. Il s'agit d'un conflit inter-rôles dans lequel les pressions exercées par les engagements professionnels et les responsabilités familiales sont mutuellement incompatibles à bien des égards. En d'autres termes, l'implication de l'individu dans le rôle du travail (de la famille) est rendue plus difficile en raison de son implication dans le rôle de la famille (du travail). Qui plus est, le problème de l'articulation entre les deux sphères de la vie semblerait concerner davantage les femmes qui travaillent autant que leurs homologues masculins (Tremblay, 2003b, 2012b).

C'est dans ce sens que la question de l'articulation entre vie familiale et vie professionnelle a été profusément abordée par nos interlocutrices, de façon spontanée et récurrente dans les propos qu'elles ont tenus tout au long de nos entretiens. Pour certaines la question se pose en terme de conflit entre les deux vies et de la difficulté de gérer les deux, en particulier pour les femmes cadres avec des enfants en bas âge. Ce qui est à même de constituer un frein à leur carrière, comme l'explique cette participante :

> *Je pense, ce qui peut freiner, si on peut commencer par ça, ça va être la situation familiale. Parce que dans la logique des choses, dans la psychologie, la maman doit s'occuper des enfants. Et quand elle est mariée, elle a des gosses. C'est difficile ! Parce que une maman, à 18h00 ou 18h30, elle peut aller jusqu'à 19h00, mais après il faut doucher les enfants, il faut leur faire à manger, il faut étudier avec les enfants. Et on se sent responsable. (Sarah, Responsable d'Unité de Management)*

---

[9] Nous avons recensé, dans la littérature relative aux carrières des femmes, plusieurs termes employés pour décrire les problèmes que rencontrent les femmes cadres pour gérer leurs vies à la fois familiale et professionnelle. Nous avons délibérément opté pour le terme « articulation » qui, à notre sens, peut signifier « conflit » et/ou « conciliation ».

Les propos de cette déclarante vont exactement dans le sens des conclusions d'autres travaux de recherche. Partant du fait que les femmes soient « *davantage concernées par les obligations domestiques et maternelles que leurs conjoints, rencontrent donc plus de difficultés et de problèmes à satisfaire les diverses exigences requises* » (Grodent et al., 2011), se retrouvent, *ipso facto*, dans l'obligation de faire face à l'interférence qui s'établit entre vie familiale et vie professionnelle et qui se manifeste sous la forme d'un conflit « famille → travail », ce qui impacte négativement l'avancement hiérarchique des femmes.

Or, le conflit entre les deux sphères de la vie est bidirectionnel (St-Onge et al., 2002), c'est-à-dire que la vie professionnelle peut également empiéter sur la vie familiale, rendant l'articulation des deux « *une mission quasi impossible, qui relève d'un parcours du combattant* », pour ainsi citer l'une d'entre elles.

Cette situation conflictuelle, et la recherche permanente par ces femmes cadres d'une gestion, dans la conciliation, des deux sphères peut être une source de stress psychologique et physique important, comme le décrit cette directrice d'agence, qui nous explique avoir pris 45 kg à cause de son stress et de sa mauvaise hygiène de vie (une alimentation déséquilibrée, des repas décalés, des heures de sommeil insuffisantes, un manque d'activités physique, ...) imputés à ses responsabilités familiales et professionnelles et de son emploi du temps surchargé.

> *Je ne prends pas de petit déjeuner parce que je suis stressée et que je dois emmener les enfants à l'école. Il faut que je vienne et il faut que l'agence ouvre à l'heure. Et quand j'arrive, je ne peux pas me permettre de prendre mon petit déjeuner au bureau devant les clients. [...] Je préfère ne pas prendre ma pause déjeuner parce que ça me permets de libérer un de mes collaborateurs pour sa pause déjeuner et à 16h30 je suis obligée d'aller récupérer les filles pour rentrer à la maison. (Hayat, Directrice d'agence)*

Pour les autres interviewées, la question se pose en termes de conciliation de la vie familiale et de la vie professionnelle. Pour elles, il ne s'agit pas d'un vrai problème puisqu'il suffit de trouver le juste équilibre entre leurs engagements professionnels et les responsabilités familiales. Toutefois cet équilibre se fait au prix des sacrifices et de concessions qu'elles doivent faire.

Afin d'analyser ce thème, nous avons opté pour quatre sous-thèmes qui ont émergé de notre lecture de la retranscription des entretiens. Il s'agit de la disponibilité et mobilité des femmes, l'ambition, choix de carrière et maternité, le rapport des entreprises à la maternité, et enfin le rôle des sexes ou le double rôle de la femme.

4.1 Disponibilité et mobilité des femmes cadres

La disponibilité ou plutôt l'indisponibilité des femmes se traduit dans les propos des interviewées par leur incapacité de se rendre disponibles « *H24* », selon l'une des répondantes. Cette indisponibilité se cristallise, pour certaines d'entre elles, dans le débordement de la vie familiale sur la vie professionnelle. C'est-à-dire qu'elles n'arrivent pas à faire face à toutes les responsabilités de la vie familiale sans que cela ne soit au dépend de leurs engagements professionnels : retard et absentéisme, indisponibilité pour des réunions tardives, gestion des affaires familiales sur le lieu de travail (e.g. gérer les sorties de l'école des enfants ou le médecin par téléphone, …). En revanche, pour d'autres participantes, il n'est pas question de laisser la vie familiale empiéter sur le travail et la vie professionnelle. Elles essaient de créer un équilibre entre leurs deux sphères (publique et domestique), en faisant certains choix, et en cherchant des solutions à certaines situations.

En effet, en l'absence de structures d'accueil des enfants en bas âge, doublé d'un décalage horaire entre les sorties d'écoles et celles des entreprises, les femmes cadres interrogées affirment avoir recours à du personnel domestique (certaines femmes affirment disposer d'un chauffeur, une nounou et une troisième personne qui s'occupe des tâches ménagères) pour s'occuper des enfants (sorties d'écoles, médecins…), tandis que les autres, dont la situation financière ne leur permet pas de s'attacher les services des domestiques, font généralement appel aux membres de leurs familles élargies, particulièrement les parents, pour s'occuper des sorties d'école, et gérer les petites urgences (médecins...), comme l'explique cette directrice d'agence :

> *Je suis capable d'appeler mon père pour aller récupérer les enfants parce que j'ai un client et que je ne pourrai pas dire à mon client de partir. [...] Je suis une femme, j'ai des filles et je ne vais jamais me permettre de prendre le téléphone et appeler mon chef pour lui dire : écoutez ma fille a une angine, je ne pourrai pas venir ! Jamais je ne le ferai ! Parce que j'ai une obligation face à mon travail. Par contre je vais appeler ma maman et je vais lui demander de garder ma petite [...]. Par contre, mes collaboratrices [...] peuvent se permettre ça. (Hayat, Directrice d'agence)*

Quelle que soit la solution adoptée par ces femmes cadres, le soutien et l'encouragement de la famille, principalement le conjoint pour l'éducation des enfants et les tâches ménagères, sont essentiels au succès professionnel des femmes (Nath, 2000). Autrement, une répartition inéquitable des responsabilités familiales, peut-être une source de sollicitations importantes, et donc de stress pour elles.

Or, force est de constater que toutes les femmes interrogées ne bénéficient pas du soutien de leurs conjoints, et sont victimes des croyances et de la perception selon lesquelles les femmes doivent, avant tout remplir leur rôle d'épouse, de mère éducatrice et de gardienne des valeurs comme « *une vraie femme au foyer devrait le faire* » (Zerari, 2006), même si elles sont engagées dans la sphère professionnelle.

Ainsi, 20 femmes sur les 33 interrogées affirment assumer l'entière responsabilité de leur foyer (travail domestique et éducation des enfants), qu'elles ne reçoivent que des aides parcellarisées et ponctuelles de la part de leurs conjoints. Curieusement, elles acceptent bon gré mal gré cette situation, sur laquelle nous reviendrons un peu plus loin, et ne réclament qu'une participation partielle mais durable de leur part, plutôt que de réclamer une vraie répartition équitable des responsabilités familiales.

En revanche, les autres interviewées de l'échantillon assurent avoir le soutien total et absolu de leurs conjoints, et au-delà d'une participation ponctuelle, ils affichent une implication totale dans la vie familiale (éducation des enfants, tâches ménagères,…), à l'image de cette RRH dans la grande distribution qui nous explique qu'elle a pu compter sur un soutien infaillible aussi bien moral que matériel de son mari, ce qui lui a énormément facilité la conciliation de sa vie familiale et professionnelle. De surcroît, elle a pu évoluer vers le poste qu'elle occupe au moment de l'entretien.

> *[…] les encouragements, les motivations de mon mari. Il m'a beaucoup facilité la tâche, il a acheté l'appartement à côté de mon lieu de travail, il y avait un soutien moral. […] heureusement pour moi que mon mari était là pour me soutenir. (Ranya, RRH).*

Soulignons toutefois que parmi ces femmes affirmant l'entière implication de leurs conjoints dans la vie familiale, nous retrouvons les deux personnes les plus âgées de l'échantillon et ayant réalisé des parcours professionnels intéressants, avec à la clé un poste de DGA, pour l'une d'entre elles, dans l'une des plus grandes compagnies d'assurance au Maroc.

Le mérite de souligner ces deux cas, qui d'ailleurs ne sont pas uniques au Maroc bien qu'ils soient rares, tient au fait que ces femmes ont démarré leurs carrières dans les années 1980, où le chômage des citadines était très élevé, et leur insertion sur le marché du travail souffrait d'une grande fragilité, ce qui a valu « *la mobilisation des associations de femmes autour du débat sur le plan d'action pour l'intégration des femmes* » (Zerari, 2006).

Parallèlement aux efforts que fournissent les femmes cadres et à l'organisation qu'elles mettent en place pour pouvoir équilibrer les deux sphères de leur vie, en essayant de limiter, autant que faire se peut, l'empiètement de la vie familiale sur la vie professionnelle (conflit Famille → Travail) et de se montrer disponibles dans la sphère professionnelle, elles n'hésitent pas de renoncer à une partie, voire à la totalité de leurs congés annuels, les arrêts et les congés de maladie, et dans certains cas à une partie des congés de maternité, comme dans le cas de la DRH, qui nous explique avoir renoncé plusieurs fois à ses congés annuels, et avoir même repris son travail avant la fin de son congé de maternité, en raison de ses impératifs professionnels.

> *Quand j'ai accouché, j'ai repris avant les trois mois de mon congé de maternité que m'accorde la loi parce qu'encore une fois je savais qu'ils avaient besoin de moi. [...] même les congés je ne les prends pas, parce que je sais que j'ai des responsabilités je dois rester au travail, [...]et je ne peux donc pas me le permettre, je n'ose même pas le demander parce que je sais que ce n'est pas le bon moment pour le faire. (Imane, DRH)*

Cependant, si les autres femmes interrogées n'ont pas fait le choix de renoncer à leurs congés annuels et/ou de maternité, il n'en reste pas moins qu'elles reconnaissent à l'unanimité la difficulté, voire l'impossibilité de les prolonger au-delà de la période légale, sous peine de perdre, sinon leurs postes, leurs prérogatives, pour paraphraser les propos de certaines répondantes. De surcroît, il semblerait qu'il s'agisse là d'une stratégie délibérée et/ou intuitive de ces femmes cadres pour compenser ou pour se racheter, aux yeux de leurs hiérarchies, pour leur incapacité de se rendre disponible au-delà des heures de travail légales et habituelles comme le feraient leurs homologues masculins.

Par ailleurs, l'interférence entre la vie familiale et la vie professionnelle, dans le sens d'un conflit Travail → Famille pose également plusieurs problèmes aux femmes cadres marocaines. En effet, pour nos interrogées, le fait de devoir tarder le soir au travail ou de ramener des dossiers à traiter à la maison, est très problématique, puisqu'elles sont supposées s'acquitter des tâches ménagères, de la préparation des repas (et éventuellement faire des courses au préalable) tout en prenant soin des enfants (sortie d'école, douche, devoirs, ...). En conséquence, quand ces femmes ramènent du travail à la maison, elles ne peuvent s'y mettre que lorsqu'elles auront fini de s'occuper de leurs foyers, ce qui les condamne à travailler jusqu'à une heure tardive, au détriment de leur temps de loisirs, de repos physiologique, et de vie de couple.

> *Quand je vais sortir d'ici, je vais rentrer à la maison [...], je ferai ce qu'il faut à la maison. Après, ça sera les devoirs avec les enfants, après ça sera le bain, après ça sera les mettre au lit et après je serai tellement crevée que je vais dormir (Rire). [...] il [son mari] aura son temps à lui, quand je trouve du temps, si je ne suis pas trop crevée et je n'ai pas du travail ! Parce que parfois ça m'arrive de ramener du travail chez moi à la maison. (Selma, Directrice Marketing)*

Cette situation conflictuelle que vivent ces femmes cadres, et qui nous a été confirmée dans les déclarations d'autres interviewées, s'est révélée être source de stress psychologique, et d'autres maladies chroniques chez certaines répondantes.

Par ailleurs, dans certains secteurs d'activité, notamment celui de la grande distribution, les interférences entre la vie familiale et la vie professionnelle et les conflits qui s'en suivent (conflit Famille → Travail et conflit Travail → Famille) n'impactent pas les femmes de la même façon ni de la même ampleur. Selon toutes les interviewées de la grande distribution, il semblerait qu'il est encore plus difficile pour certaines femmes travaillant dans les magasins de concilier les deux sphères familiale et professionnelle.

En effet, contrairement aux femmes cadres de la grande distribution occupant des postes dans les sièges des enseignes, toutes les cadres des magasins ont des horaires changeant d'un jour sur l'autre, avec de « *grosses journées de travail* » s'étalant jusqu'à la fermeture des magasins (22h00). Il leur est donc difficile de s'occuper de leurs enfants comme le feraient les autres femmes ayant des horaires normaux.

4.2 Ambition, choix de carrière et maternité

Cette question touche particulièrement les femmes mariées avec enfants en bas âge. En effet, pratiquement toutes les interviewées, ayant des enfants en moins de onze ans, ont soulevé la question du conflit entre la vie familiale et la vie professionnelle en mettant en avant la difficulté de trouver l'équilibre entre ces deux aspects de leurs vies. Elles considèrent la charge des enfants et leur éducation comme étant une charge additionnelle qui vient s'ajouter aux autres tâches domestiques et professionnelles. Qui plus est, elles considèrent que c'est une tâche qui leur incombe en tant que femmes, d'autant plus que dans la société marocaine le travail des femmes est considéré comme secondaire par rapport à leurs responsabilités familiales (Ribas-Mateos & Manry, 2014, p. 196; Zerari, 2006).

Pour elles, cette difficulté d'articuler vie professionnelle et vie familiale est d'autant plus manifeste avec la maternité et dès la naissance de leur premier enfant. Elles confirment d'ailleurs que ce problème ne se pose ni avant ni après le mariage puisque leurs maris ne voient pas d'inconvénients à ce que leurs épouses travaillent, à ce qu'elles tardent au travail ou encore à ce qu'elles partent en déplacements professionnels. Le problème survient après l'accouchement du premier enfant, et les difficultés qui s'ensuivent.

> *En général, c'est les enfants qui posent problèmes. Parce que quand on se marie, le mari sait qu'on travaille, donc c'est dès le début, soit il va dire laisse tomber ton boulot je ne veux pas une femme qui travaille, soit il va accepter le truc. Donc c'est dès le début que ça se décide. (Laila, Responsable de formation)*

Par ailleurs, il semblerait que la culture locale continue de peser de tout son poids sur la femme marocaine, sur son rôle dans la société, et donc sur son statut familial et professionnel, l'obligeant de les gérer en concomitance, donnant lieu à une dualité antagoniste. Dès lors, elle se retrouve face à un dilemme, tiraillée entre le choix d'une carrière professionnelle au risque de rater sa vie familiale et l'éducation de ses enfants, et le choix de privilégier cette dernière et passer à côté d'une carrière professionnelle tant espérée.

> *Quand la femme décide de donner un peu plus de focus à sa carrière, croyez-moi, elle laisse tomber beaucoup de choses en parallèle. Elle voit son mari de 23h00 à minuit. Le lendemain matin, rebelote, ils sortent chacun de son côté dès 7h00 du matin. (Fatima-Zahra, Responsable achat senior)*

Cette situation pousse les femmes cadres à reconsidérer leurs priorités dans la vie, entre le foyer et l'entreprise. Et certaines interviewées, âgées entre 30 et 40 ans, n'hésitent pas à prioriser la réussite de la vie familiale et, *ipso facto*, reléguer la réussite d'une carrière professionnelle à un choix subsidiaire. C'est-à-dire qu'elles vont se contenter d'une « *bonne position et un bon salaire* », qui présente selon elles un minimum pour leur « *épanouissement* », sans chercher à évoluer vers des postes plus élevés, exigeant un engagement et une disponibilité infaillibles. Partant de là, elles considèrent qu'il n'y aurait pas l'ombre d'un doute quant aux choix à faire en cas de conflit insurmontable entre vie familiale et vie professionnelle. La formulation que cette responsable achat dans la grande distribution illustre sans équivoque cet état d'esprit chez les jeunes femmes cadres.

> *On a une place dans l'entreprise où on a une fonction et des objectifs. À la maison on a aussi une place, des fonctions et des objectifs, mais ces objectifs deviennent de plus en plus sacrés à partir du moment où on a des enfants, parce que on se dit si je rate l'éducation de mes enfants, j'aurais raté ma carrière, j'aurais raté ma vie. (Fatima-Zahra, Responsable achat senior)*

Cette déclaration reflète l'état d'esprit de nos interviewées, et va dans le sens des résultats de l'étude de Sajoux et Chahoua (2012) qui soulignent que l'enfantement demeure « *fondamental dans le processus de valorisation sociale* » des femmes au Maroc. De ce fait les femmes choisissent délibérément de donner un coup de frein à leurs aspirations professionnelles, ne serait-ce que temporairement, le temps que les enfants soient en mesure de se prendre en charge, peu ou prou. Cette situation rappelle les conclusions de certaines études (Abidin et al., 2009; Mavin, 2001) selon lesquelles les femmes sont désavantagées en termes d'évolution hiérarchique, en raison de leurs situations et de leurs responsabilités familiales, particulièrement pour des postes où l'engagement total et une large disponibilité sont de mise.

Corollaire de cette situation conflictuelle entre maternité et choix de carrière, il ressort que les femmes cadres marocaines préfèrent freiner temporairement leurs ambitions, durant la période où elles sont très sollicitées sur le plan familial, et sacrifier ainsi les opportunités qui leurs sont offertes pour évoluer vers les niveaux hiérarchiques supérieurs. Pour elles, s'épanouir sur le plan professionnel et réussir une carrière est un objectif très important, réussir une vie familiale l'est encore plus.

Pour la plupart d'entre elles, il est possible de faire un certain nombre de sacrifices pour réussir une vie professionnelle tant espérée. Des sacrifices sur leur temps de loisirs et de repos physiologique, mais aucune des interviewées n'a évoqué la possibilité de sacrifier la vie familiale pour une réussite professionnelle. De plus, elles n'ont pas hésité à évoquer des exemples de femmes cadres qu'elles connaissent, ayant choisi de modérer leurs ambitions et de freiner leurs carrières pour s'occuper de leurs familles.

> *Ce n'est pas parce qu'elle n'est pas ambitieuse, mais c'est que par ailleurs elle ne peut pas assurer cet équilibre-là. Je pense ! Parce que je parle de certaines femmes dans mon entourage qui préfèrent ne pas avancer sur le plan professionnel parce qu'elles ne pourront pas gérer leurs foyers aussi. (Majdouline, Directrice académique)*

Cette déclaration, bien qu'elle montre une volonté affichée de ces femmes cadres de limiter leur progression professionnelle par une autocensure, elle prend le contre-pied des stéréotypes selon lesquels les ambitions et les aspirations professionnelles des femmes seraient très faibles, comparées à celles des hommes. En effet, selon nos répondantes, les femmes marocaines « *ont une ambition démesurée par rapport aux standards* », comme le décrit Mme

Mouna (Ingénieure commerciale), et de poursuivre qu'elles sont obligées de « *freiner leurs ambitions et mettre des limites à leurs carrières pour pouvoir s'occuper de leurs enfants et de leurs foyers* ».

D'ailleurs, certains travaux de recherche avaient déjà confirmé cette tendance chez les femmes qui travaillent, et dont l'arrivée d'un (des) enfant(s) bouleverse l'ordre des priorités chez elles. Elles commencent dès lors à chercher à concilier vie familiale et vie professionnelle (Danziger & Eden, 2007; Dolan et al., 2011; Mainiero & Sullivan, 2005), une conciliation qui se fait au détriment de leurs aspirations de carrière. Ceci peut se traduire dans certains cas extrêmes par une interruption pure et simple de la vie professionnelle. Pour d'autres, cela peut se manifester par un rejet de promotion (Laufer, 2004), ou par l'abstention de candidater à des postes plus élevés parce qu'elles sont convaincues que l'équilibre qu'elles ont réussi à atteindre entre la vie familiale et la vie professionnelle est très délicat et qu'elles risquent de le perdre si elles occupent des postes de niveau supérieur (Abidin et al., 2009). Elles estiment par conséquent que les coûts associés à une promotion dépasseraient les avantages qu'elles peuvent en tirer.

En résumé, les femmes cadres marocaines interviewées affirment vouloir évoluer vers des postes avec plus de responsabilités et mener une carrière réussie, et affirment, de surcroit, détenir les compétences et les ambitions nécessaires pour y arriver. Néanmoins, la présence d'un (des) enfant(s) en bas âge remet en question cette ambition affichée, et les oblige à contenir leurs ambitions professionnelles afin de parvenir à un équilibre entre la vie familiale et la vie professionnelle, synonyme d'une réussite et d'une estime sociale de la femme marocaine.

Cette conclusion, bien qu'elle se conforme à celles d'autres travaux de recherche, montre néanmoins, à travers les explications fournies par nos répondantes et les expressions employées, une très grande importance accordée à cette conciliation des deux sphères, quitte à choisir de limiter délibérément l'évolution de leurs carrières. Le plus important pour elles, est d'éviter un coût social très élevé, qui serait de rater la vie familiale, comme l'ont expliqué plusieurs répondantes.

Dès lors, la réussite de la femme marocaine se mesure, aux yeux de la société et des femmes elles-mêmes, à l'aune de son aptitude à gérer en concomitance la vie professionnelle et la vie familiale, avec une prééminence de la seconde sur la première, puisqu'il s'agit d'évaluer d'abord sa capacité de fonder une famille et de s'en occuper, ce qui les poussent assez souvent à recourir à des autocensures professionnelles, se contentant ainsi des postes et des positions satisfaisantes sans viser les postes hiérarchiques les plus élevés.

Cette stratégie d'autocensure par les femmes de leurs propres carrières, va à l'encontre des tendances observées, à partir des années 2000 dans certains pays comme l'Allemagne où les femmes actives âgées de 18 à 34 ans sont prêtes à renoncer à une vie familiale (pas de conjoint, ni d'enfants) au profit d'une vie professionnelle (Sanchez-Munoz, 2004). Néanmoins, cela pénalise les cadres marocaines doublement, car en plus du fait qu'elles doivent renoncer à des postes et des promotions, elles seront perçues, comme moins engagées vis-à-vis de l'organisation, et verront donc leur légitimité et les postes qu'elles occupent ébranlés.

Par ailleurs, il convient de préciser qu'à partir des propos de nos répondantes, trois tendances se profilent selon leur situation familiale. Il s'agit de trois situations différentes tributaires de l'existence ou non des enfants et de leurs âges, ce qui les amène à gérer leur vie professionnelle et leurs carrières conformément à la vision du modèle « ABC de carrière kaléidoscopique » décrit par Mainiero & Sullivan (2005) :

- En effet, quelle que soit leur situation matrimoniale (mariées, célibataires ou divorcées), les femmes n'ayant pas d'enfants affichent une ambition incommensurable et une volonté redoutable d'évoluer professionnellement. Il s'agit de femmes dont la tranche d'âge ne dépasse pas 34 ans, n'ayant aucun enfant, et donc très peu de contraintes familiales. Une situation qui leur laisse la liberté d'exprimer leurs motivations à relever les défis et à se surpasser, pour montrer leurs compétences et prouver leur légitimité dans l'organisation, et essayer ainsi d'évoluer vers des postes plus élevés avec plus de responsabilités.

- En revanche, toutes les interviewées ayant des enfants en bas âge affirment chercher un équilibre ou plutôt un compromis entre les deux sphères de leur vie. Pour ces femmes, le compromis passe inéluctablement par un gel de la carrière professionnelle pour pouvoir mieux vivre leur maternité et avoir du temps pour s'occuper de l'éducation des enfants. Pourtant le sens du défi et l'authenticité font toujours partie du kaléidoscope à travers duquel les femmes voient leurs carrières, exactement comme nous l'a expliqué *Mme Hayat* qui affirme avoir la possibilité (les compétences et les opportunités) pour « *aller plus loin* » mais qu'elle préfère rester à son poste actuel, parce que :

> *... je galère déjà assez actuellement pour trouver l'équilibre entre ma vie professionnelle et ma vie privée. Je préfère rester là où je suis pour l'instant. Peut-être quand mes enfants seront un peu plus grands, quand ils seront autonomes, quand ils n'auront pas besoin de moi comme maintenant. Peut-être que j'aurai encore ce sentiment de challenge et vouloir aller plus loin. (Hayat, Directrice d'agence)*

- Enfin, les femmes de notre échantillon dont les enfants sont totalement autonomes, affichent une quête d'authenticité dans la mesure où elles se posent des questions sur leur réussite et la cohérence des choix professionnels qu'elles ont dû faire avec leurs aspirations, tout en continuant d'aspirer à relever de nouveaux challenges sans renoncer à l'équilibre entre les deux vies. Comme nous l'avons évoqué plus haut, certaines de nos répondantes s'inscrivent dans cette perspective et affichent une volonté de changer de carrière et de relever de nouveaux défis.

4.3 Le rapport de l'entreprise à la maternité

Les responsabilités familiales des femmes peuvent influencer la manière dont elles sont perçues dans l'organisation par leurs collègues et leurs supérieurs hiérarchiques, comme l'ont montré (Mae Kelly & Dabul Marin (1998). Selon les deux auteures, les femmes mariées, et plus encore celles ayant des enfants, font souvent l'objet d'une perception défavorable, ce qui se répercute directement sur leurs perspectives de promotion. Cette situation devient d'autant plus pesante lorsque la culture religieuse est fortement présente, renforçant des normes sociales et professionnelles déjà inégalitaires.

Dans ce sens, l'étude de Koshal, Gupta, & Koshal (1998) réalisée en Malaisie, pays majoritairement musulman, montre que malgré les progrès réalisés par les femmes, elles restent très en retard par rapports à leurs homologues masculins en matière de salaire, de pouvoir et d'opportunités d'évolution.

Si l'on croit les propos de nos interviewées, le même constat est perceptible au Maroc, à la seule différence près qu'il n'existe pas de discrimination salariale. En revanche, les préjugés relatifs à l'indisponibilité des femmes du fait de la maternité les sanctionnent doublement : au moment du recrutement comme lors de l'accès à la promotion. En effet, les organisations, loin « *du modèle cumulatif d'articulation travail-famille faiblement genré* » décrit par Fusulier (2013), demeurent influencées par une doxa encore dominante, selon laquelle une « *vraie* » femme « *accomplie* » est avant tout une épouse et mère, dévouée au soin de sa famille. Dès lors, elle est de facto présumée moins disponible et, par conséquent, rarement considérée pour des postes de responsabilités nécessitant un fort engagement et une grande disponibilité.

En ce sens, certaines répondantes n'ont pas hésité à soulever ce point en tant que femmes confrontées à ces préjugés, en évoquant la perception négative des organisations à leur égard, en raison de leurs responsabilités maternelles.

> *Ce qui freine la carrière d'une femme ? Elle va tomber enceinte, elle va prendre son congé de maternité. Avez-vous déjà vu une femme enceinte réussir un entretien d'embauche ? Jamais ! Lors de mon troisième entretien [candidature interne pour le poste de directeur d'agence], j'ai caché que j'étais enceinte de*

> *deux mois. Je l'ai fait parce que je savais que si je le disais je ne passerais pas. (Hayat, Directrice d'agence)*

Les déclarations de cette répondante décrivent clairement et sans équivoque le ressenti, que partagent les cadres interviewées et les femmes de leurs entourages, quant au regard porté par l'organisation sur la maternité. Elles mettent également en évidence les attitudes que certaines d'entre-elles sont prêtes, voire contraintes, d'adopter afin de neutraliser ce regard et cette perception suspicieuse à leur égard, spécialement leur supposée « faible disponibilité » en raison de la grossesse, de l'accouchement et des engagements qui s'en suivent.

Il en ressort que la disponibilité des femmes constitue la clé de voûte de leur employabilité, de leur recrutement et de leur évolution de carrière. En effet, toutes les interviewées s'accordent pour reconnaitre l'importance de la disponibilité aux yeux des recruteurs et des supérieurs hiérarchiques, et que les jeunes mères seraient considérées moins disponibles pour l'organisation parce qu'elles sont davantage prises par leurs vies familiales.

Cette doxa relative à la présumée indisponibilité des femmes en raison de leur maternité et les responsabilités familiales qu'elle engendre, peut se transformer pour la plupart d'entre-elles en un frein pour leur évolution de carrière, comme nous l'avons vu avec *Mme Hayat,* ou encore un frein au recrutement purement et simplement.

> *On est en train de recruter et mon boss a proposé une femme pour le poste et le DG lui a complètement interdit une femme. Parce que vu la nature du poste […], on se dit que si la femme est mariée, elle ne peut pas ! (Mouna – Ingénieure commerciale)*

Outre ces raisons liées à la nature des postes nécessitant une grande disponibilité, que l'on suppose rarement attribuée aux femmes, les répondantes évoquent d'autres arguments. Parmi eux figure l'association, dans la perception des supérieurs, de cette prétendue indisponibilité à de piètres performances. Cette perception se répercute négativement sur l'avancement hiérarchique des femmes ayant de très jeunes enfants, étant enceintes ou envisageant une grossesse dans un avenir proche.

> *Pour être performant dans l'entreprise, pour être mieux apprécié par ses managers, pour pouvoir après bénéficier d'une promotion, il faut être très disponible. (Ranya, RRH)*

Ainsi, la maternité et les responsabilités qui en découlent peuvent être considérées comme frein externe, dans la mesure où le blocage émane de l'organisation et de ses dirigeants, qui cherchent à limiter, autant que faire se peut, le recrutement et la promotion des femmes en raison de leur hypothétique faible disponibilité.

Par ailleurs, force est de constater qu'au-delà des préjugés, la maternité pose un réel problème de management, ne serait-ce que temporairement, y compris pour les femmes managers qui en pâtissent lorsque l'une ou plusieurs de leurs collaboratrices sont indisponibles. Celles-ci ne cachent d'ailleurs pas leur préférence de travailler avec les hommes, pour des raisons que nous analyserons plus loin, mais également parce que cela leur permet de gérer des situations tendues en cas de sous-effectif.

Qui plus est, cette situation pourrait être d'autant plus problématique en l'absence de mesures et dispositifs préétablis pour assurer le remplacement des collaboratrices en congé maternité pendant plusieurs semaines, avec des répercussions directes sur les performances et les résultats de l'organisation.

> *Je suis désolé de le dire moi aussi, par exemple j'ai une personne…je suis là depuis six ans, elle est tombée enceinte trois fois et à chaque fois elle prenait son congé de maternité ; c'est toujours la galère ! Je n'ai pas droit aux renforts, et là ces mes délais d'attente, c'est mes objectifs, c'est toute l'activité de l'agence qui prend un coup. (Firdaous, Directrice d'agence)*

Ainsi, la maternité peut être considérée comme un facteur de blocage à l'avancement hiérarchique des femmes, à la fois externe et interne. Elle constitue un frein interne puisque les femmes s'autocensurent, et choisissent de ralentir leur carrière ou de refuser certaines promotions afin de concilier vie familiale et vie professionnelle, et de pouvoir s'occuper « *tranquillement* » de leurs enfants. Elle agit également comme un frein externe en raison de la perception défavorable de l'organisation, tant des recruteurs que des supérieurs hiérarchiques, qui considèrent que la maternité réduit la disponibilité des femmes et peut affecter leurs performances.

4.4 Les rôles de genre : schizophrénie Versus Machisme

Le poids de la société et de la culture marocaine, notamment la culture patriarcale, continuent de peser sur la femme cadre en dépit de son niveau intellectuel et de sa situation économique et professionnelle. Elle est toujours évaluée et jugée, comme nous l'avons vu plus haut, selon un double standard.

Elle est évaluée selon ses compétences et ses performances dans sa vie professionnelle donc femme moderne, travailleuse et carriériste, d'un côté ; et selon ses capacités à fonder une famille (se marier, avoir des enfants) et de gérer son foyer, donc femme au foyer et mère virtuose, de l'autre côté. D'ailleurs les propos de *Mme Fatima-Zahra* illustrent très bien cette situation.

> *Aujourd'hui l'homme marocain, bien qu'il soit moderne dans sa tête, le plus ouvert des hommes, il a toujours un idéal de la femme qui fait la cuisine, fait le ménage, s'occupe de l'éducation des enfants. Même s'il a avancé de mille pas dans sa tête, dans son inconscient il est toujours dans le schéma de son père et de son grand-père. (Fatima-Zahra, Responsable Achat senior)*

Ainsi les hommes au Maroc, si l'on croit les interviewées, font preuve d'une ouverture d'esprit à l'égard des femmes carriéristes occupants des postes d'encadrement ou de direction, tout en continuant à idéaliser la femme selon un prisme traditionnel patriarcal et machiste : la femme au foyer qui s'occupe de son mari et de ses enfants, qui fait la cuisine et le ménage. D'ailleurs, pour certaines répondantes, l'homme marocain, bien qu'il soit fier de la réussite professionnelle de sa femme, et qu'il soit financièrement « épaulé » par le salaire de cette dernière, n'est toujours pas prêt à changer de mentalité et à accepter cette situation à bien des égards. Dans ce sens, certaines répondantes n'hésitent pas de parler du machisme de l'homme marocain sur plusieurs plans.

D'abord, sur le plan familial, l'homme quoiqu'il ait accepté que sa femme s'engage dans le monde professionnel et participe financièrement à la gestion du ménage, n'a pas changé son comportement « macho », vu qu'il continue à se désengager des tâches ménagères et de l'éducation des enfants.

> *Vous connaissez très bien la mentalité des hommes au Maroc. Pour eux, l'homme reste un homme et la femme une femme ! Même si la femme ramène son salaire à la fin du mois. Pour l'homme la solution est de prendre une 'femme de ménage', mais lui ne doit rien faire. […] C'est l'homme macho ! Très macho ! (Imane, DRH)*

De plus, selon plusieurs répondantes, l'homme marocain, dans son rapport avec sa femme, reste influencé par la culture locale et par les schèmes patriarcaux traditionnels. Il n'accepte pas que sa femme s'exprime en public en sa présence, qu'elle prenne des décisions pour le foyer, voire qu'elle s'engage dans certaines décisions relatives à sa propre carrière.

> *On a un double visage au Maroc ! Quelqu'un qui a une femme avec une carrière très évoluée, mais quand ils sortent ensemble, la femme doit se taire même si elle a son avis, même si elle est plus instruite que lui. Non il ne faut pas qu'elle le montre… Moi je suis L'homme ! Le Macho ! (Wafae, DGA)*

Enfin, le poids de la société interfère également dans la vie professionnelle et para-professionnelle de la femme cadre, à travers l'attitude du mari vis-à-vis de la disponibilité professionnelle. Certaines interviewées déclarent que leurs époux n'acceptent pas que leurs femmes rentrent tard soir du travail et ne tolèrent pas leurs déplacements professionnels. Pour la majorité d'entre eux, il est également mal vu que leurs épouses développent un réseau de contacts, ou qu'elles prennent un café ou dînent avec leurs collègues ou avec des clients.

> *L'homme marocain est un macho ! Il ne peut pas accepter d'appeler sa conjointe et la trouver encore au bureau à 20h00 ! L'homme marocain ne peut pas accepter [...] que sa femme soit mieux valorisée dans son travail. Qu'elle ait plus de contacts, etc. (Sarah, Responsable d'Unité de Management)*

Si toutes les interviewées s'accordent pour reconnaitre le caractère machiste de cette attitude, certaines n'hésitent pas à la qualifier de « schizophrénique ». Pour elles, cela peut s'expliquer par la crainte de ces hommes d'être jugés par leur famille, leurs proches et par la société, et d'être perçus comme des hommes « mous » incapables de s'imposer dans leur foyer en « *maitre absolu* », pour paraphraser l'une de nos répondantes.

Ces témoignages montrent que l'homme marocain n'admet pas, ou du moins pas entièrement, que la réussite et l'épanouissement de sa femme dans la sphère professionnelle jaillisse sur la sphère familiale, remettant en question sa suprématie et sa position de « *chef du foyer* », celui qui « *décide de tout* » pour la famille mais qui, selon la perception de la majorité de nos interviewées, « *ne fait rien* » dans le foyer.

L'attitude machiste, encore largement dominante et diffuse dans la société marocaine, conduit les femmes cadres à adopter des stratégies diversifiées, déterminées non seulement par les ressources et solutions à leur disposition, mais également par leurs traits de personnalité, ceux de leurs conjoints et le contexte éducatif et social dans lequel chacun a été socialisé.

L'analyse approfondie des contenus de nos entretiens nous a permis de construire une typologie des femmes cadres, mettant en évidence leurs comportements et attitudes face à ces contraintes. Trois profils principaux se dégagent de cette classification : les *indignées,* qui revendiquent activement l'égalité et la participation des hommes aux tâches domestiques ; les *résignées,* qui adaptent leur parcours professionnel aux contraintes imposées ; et les *alignées,* dont les attitudes traduisent une conformité pragmatique aux normes sociales et familiales.

La première catégorie des femmes, les *indignées,* regroupe celles qui estiment que le développement du pays ne peut se faire sans l'épanouissement de la femme. Pour elles, cela implique un changement des attitudes machistes et une participation équitable des hommes aux tâches domestiques ainsi qu'à la prise en charge de l'éducation des enfants. Curieusement, cette catégorie représente une frange réduite de notre échantillon (5 femmes sur 33), dont deux répondantes âgées de 48 et 58 ans.

Ces femmes expriment leur indignation marquée face aux comportements machistes, largement tolérés et acceptés dans la société marocaine. Comme l'a évoqué, à titre anecdotique, *Mme Khadija* qui relate son expérience lors d'une table ronde, en marge d'une conférence sur la place de la femme dans l'audiovisuel, où toutes les participantes étaient des femmes « *comme si la question ne concernait que les femmes* », à l'exception de l'animateur, qui leur demanda : « comment faites-vous, mesdames, pour concilier entre vos obligations familiales et prérogatives professionnelles ? ». Selon elle, cette question n'aurait jamais été posée à un homme et reflète l'injustice et les stéréotypes persistants :

> *Cette question, on ne l'aurait jamais posé à un homme ! Donc déjà là il y a un problème ! Pour moi, les contraintes familiales sont pareilles pour le papa et la maman, si on a des enfants on doit les prendre en charge, pour les deux, c'est normal, ce n'est pas un problème lié à la femme. (Khadija, Cheffe du département production)*

Certains membres de cette catégorie, reconnaissent également et valorisent les hommes qui adoptent des comportements égalitaires au sein du foyer. Elles s'estiment chanceuses d'avoir un mari ouvert d'esprit, partageant équitablement les tâches domestiques et à l'éducation des enfants. Cette ouverture illustre le type d'attitude que ces femmes considèrent comme exemplaire et conforme à leur vision d'une société plus égalitaire.

> *J'ai eu la chance d'avoir un mari qui était ouvert d'esprit ; […]. Il est très ouvert d'esprit, il a le respect de la femme, du travail de la femme […]. On partageait tout à la maison. Il pouvait faire la cuisine, faire ceci, faire cela. Et c'est un marocain qui a étudié au Maroc ! Peut-être parce qu'il était à la « Royal Air Maroc », il voyageait souvent. Donc il avait justement cette ouverture. (Wafae, DGA)*

La deuxième catégorie, *les résignées,* regroupe des femmes pour lesquelles l'égalité entre les sexes et la participation des hommes aux tâches ménagères constitue un idéal souvent inatteignable : le « graal ». Elles se montrent résignées face à l'oisiveté de leurs maris quant aux tâches ménagères, et remplissent néanmoins leur rôle de femme au foyer tel que l'impose la culture locale, même lorsqu'elles occupent des postes de management ou de direction exigeants. Certaines s'acquittent de ces tâches au détriment de leurs temps de loisirs et/ou de repos et essaient, autant que faire se peut, de solliciter de l'aide de membre de la famille ou de services à titre onéreux.

> *Donc c'est moi qui dois tout faire. Je suis gentille (rire) ! Je suis obligée, je le fais par obligation et à contrecœur. Parce que je sais que si je ne le fais pas, il n'y a personne qui le fera à ma place et je ne veux pas créer de problèmes. J'ai essayé au début, mais ça n'a rien donné. Si au moins il m'aide dans ne serait-ce que 20% dans ce que je dois faire, je lui dirai : 'Que Dieu te bénisse !'. (Imane, DRH)*

Ainsi, pour les femmes résignées, s'acquitter de ces tâches se fait avant tout par obligation, dans une situation perçue comme sans issue et surtout pour éviter les conflits au sein du couple et les « *scènes de ménages* » comme le formule l'une d'entre elles.

Enfin, la troisième catégorie, les *alignées*, regroupe des femmes qui, bien qu'elles reconnaissent les changements intervenus dans la société marocaine et les avancées culturelles et intellectuelles en faveur de l'égalité des sexes, restent convaincues que les rôles de genre traditionnels ne doivent pas être modifiés. Certains membres de cette catégorie se considèrent chanceuses d'avoir un mari qui participe aux tâches domestiques et à l'éducation des enfants, mais cet engagement reste perçu comme optionnel et non obligatoire.

> *Même si la femme est moderne, même si elle travaille, même si elle a son salaire, même si elle peut compter sur elle-même, elle a toujours besoin d'un homme qui lui montre qu'il est un homme. C'est le vrai ! Il doit être essentiellement présent à l'extérieur de la maison, s'occuper de tout ce qui est à l'extérieur de la maison, me représenter, me protéger. Cette vision sacrée qu'on a de l'homme, c'est ça qu'on attend toujours de lui. Si toutefois il m'aide dans les tâches ménagères, c'est tout à son honneur. Mais si j'ai la possibilité de le faire sans que lui s'en mêle, cela ne me dérange pas… Je ne peux pas demander à l'homme qu'on se partage équitablement les tâches ménagères. (Fatima-Zahra, Responsable achat senior)*

Néanmoins, il convient de noter que cette ouverture d'esprit masculine, ne garantit pas une répartition équitable des tâches domestiques. Comme en témoignent les propos de l'une de nos répondantes dont le mari est d'origine occidentale. Celle-ci reconnait que l'ouverture d'esprit doit avoir des limites, et même si elle accepte que son mari participe à certaines tâches, il n'est pas question, pour elle, qu'il « *passe la serpillère* » par exemple. Elle estime que son éducation et sa culture ne lui permettent pas de concevoir qu'un homme puisse faire « *ce genre de choses* ». Ainsi, elle va jusqu'à déclarer :

> *Quand la femme est au boulot, elle est sur le même pied d'égalité avec l'homme, et quand elle est à la maison elle est inférieure. On est schizophrène, moi j'ai le plaisir de ne pas*

avoir un homme macho, mais moi je suis schizophrène. (Sarah, Responsable d'Unité de Management)

Les propos de cette interviewée vont dans le sens des conclusions de l'étude de Bakass, Mellakh et Ouchrahou (2013) qui ont utilisé la métaphore « *l'homme ne se prosterne pas à la maison* » pour expliquer que les stéréotypes associés à la masculinité empêche les hommes d' « *accomplir les lourdes tâches ménagères qui nécessitent l'abaissement et l'agenouillement* ». Les auteurs confirment que la femme marocaine « *s'attache fortement à l'idée selon laquelle l'homme ne doit pas s'occuper des activités ménagères telles que la lessive ou le nettoyage du parterre* » ce qui pourrait mettre en cause « *la virilité et le prestige de l'homme au sein du foyer* ».

En outre, *Mme Sarah* n'est pas la seule à s'être auto-décrite comme une schizophrène. D'autres interviewées, bien qu'elles n'aient pas employé le terme de « schizophrénie », reconnaissent en substance qu'elles se retrouvent dans ce schème, et que malgré qu'elles se battent dans la sphère professionnelle, au sein de leurs organisations pour une égalité homme-femme, elles n'acceptent toujours pas l'idée de voir leurs époux participer, au même titre qu'elles, aux tâches ménagères.

Pour certaines, cette schizophrénie s'explique par leur envie de préserver intacte l'image de l'homme « *le vrai* », qui s'occupe de tout ce qui en dehors de la maison, laissant à sa femme les responsabilités de l'espace domestique. Pour d'autres, bien qu'elles soient dans une quête d'égalité homme-femme dans le domaine professionnel, il n'est pas question de céder du territoire à leurs conjoints dans l'espace domestique, qui est traditionnellement considéré comme étant le leur.

Les conclusions de notre analyse vont dans le sens de celles de Bakass et al. (2013) qui affirment que les hommes participent de plus en plus aux tâches domestiques en raison de la participation de leurs épouses à la vie professionnelle. Néanmoins, leur participation demeure très faible, et ne concerne que les tâches qui n'affectent pas leur « *statut traditionnel d'homme* ».

Chapitre 5. Les marocaines cadres dans les organisations

5.1 Les cadres marocaines en quête de légitimité

5.1.1 Les qualités dites féminines

L'autre moment fort de nos entretiens, après celui où les femmes interrogées évoquaient le poids du conflit entre les deux sphères de leurs vies, fut celui où elles abordaient spontanément leurs compétences et leurs qualités de managers, comme l'a exprimé l'une d'entre-elles : « *Je pense que l'une des plus grosses qualités de la femme, c'est justement d'être une femme* » (*Samira, Contrôleuse de gestion*).

En effet, sans poser de questions particulières dans ce sens, la totalité des interviewées ont abordé leurs qualités qui, selon elles, sont des qualités que les femmes possèdent naturellement, les distinguant de leurs homologues masculins notamment dans les postes d'encadrement et de management, qui plus est, profitent à l'entreprise.

> *Le fait que la femme travaille est une bonne chose, parce qu'on profite de ses compétences d'être justement multitâches, responsable, engagée. Elle a des traits de caractères que l'homme n'a pas. (Majdouline, Directrice académique)*

> *Je suis très sérieuse, je suis très hardworking, je ne sais pas tricher, ou marquer ma présence sans faire mon travail. Il faut vraiment que je vérifie, …il y a vraiment certaines tâches qui ne m'incombent pas et je les fais si j'en ai les capacités. […] Et la plupart des hommes que je connais, disent que la femme est beaucoup plus travailleuse que l'homme. Elle est plus sérieuse que l'homme, surtout les étrangers (les expatriés). Ils disent qu'au Maroc, la femme est plus bosseuse que l'homme. (Imane, DRH)*

Ainsi, si l'on croit les affirmations de cette directrice académique et celles d'autres répondantes, les femmes marocaines, lorsqu'elles occupent des postes de responsabilités, font preuve d'une implication totale et d'un engagement inconditionnel envers l'organisation, dont le degré dépasserait, selon elles, celui de leurs homologues masculins. Pour elles, les hommes font leur travail sans qu'ils ne soient entièrement impliqués, comme nous l'a précisé cette répondante : « *j'ai vu des hommes faire, ils n'en ont rien à cirer. Ils zappent !* » *(Hayat, Directrice d'agence).*

Elles déclarent, dans ce sens, être plus perfectionnistes et méticuleuses plus « *persévérantes* » que les hommes, « *n'aimant pas l'échec* », tout en attachant une importance particulière à l'aspect esthétique lorsqu'il s'agit de rendre et/ou de présenter un travail.

> *La femme, en général, respecte ses engagements. Elle n'aura jamais l'esprit tranquille, tant qu'elle n'a pas fini ce qu'elle doit faire. [...] en plus elle a un esprit à la fois analytique et synthétique, contrairement à l'homme qui opère selon un mode de fonctionnement binaire : ça rentre ou ça ne rentre pas ? Alors que pour la femme si ça ne rentre pas : pourquoi ? C'est ce qui fait notre succès. On est plus à cheval sur les détails. (Mouna – Ingénieure commerciale)*

De plus, les répondantes affirment être plus fidèles à l'entreprise. Des propos qui sont en cohérence avec leurs parcours professionnels, puisqu'aucune des cadres interrogées n'a changé d'entreprise par opportunisme. Quand une femme décide de changer d'entreprise, elle le fait, dans la majorité des cas, pour des raisons personnelles plutôt que professionnelles (e. g. proximité de l'entreprise de son domicile). En revanche, elles ne quittent l'entreprise pour aller dans une autre, que lorsqu'elles sont confrontées à des problèmes d'ordre organisationnel, comme un conflit ou un différend avec la hiérarchie, ou quand elles se sentent discriminées. Ce fut le cas pour l'une de nos cadres interviewées qui nous a expliqué qu'elle avait choisi de démissionner de son poste en guise de protestation contre une discrimination dont elle estimait être victime, et le sentiment d'injustice qu'elle a ressenti.

Je ne suis pas quelqu'un de volatile, c'est-à-dire que quand je commence à travailler, je ne vais pas aller chercher ce qui se passe ailleurs. C'est peut-être un problème ?! Mais le fait est que je suis fidèle. (Sarah, Responsable d'Unité de Management)

La déclaration d'une autre répondante corrobore ces propos quant à l'engagement des femmes et leur fidélité vis-à-vis de l'organisation, et vante d'autres qualités que les femmes possèdent.

C'est désormais les filles qui travaillent plus que les mecs, elles sont bosseuses, elles sont compétentes et elles sont sérieuses. Les hommes sont volatiles, ils n'ont pas la notion de risque liée à la stabilité. (Lina, Directrice de la qualité)

Outre ces qualités, qui reviennent dans les propos de pratiquement toutes les interviewées, la femme marocaine, si l'on croit les déclarations d'autres répondantes, en possède d'autres, telles que le *flaire*, la *serviabilité* et la *prise de risque*, ou encore, *l'endurance*, la *patience* comme l'a exprimé cette responsable achat senior de la grande distribution, avant d'évoquer, un peu plus tard dans son discours, *l'éthique* comme étant l'une des qualités les plus recherchées dans les entreprises et qui justifierait, selon elle, l'affectation de plus en plus de femmes à des postes sensibles.

J'ai toujours travaillé dans le domaine des achats. C'est un des domaines les plus corruptibles que ce soit […]. Parce que c'est de grands marchés, c'est de grands enjeux. Et moi j'ai toujours entendu parler de recruter des femmes, parce qu'elles sont justement plus éthiques, moins corruptibles que les hommes. (Fatima-Zahra, Responsable achat senior)

Cette affirmation avait été confirmée par les déclarations d'autres cadres femmes notamment par cette responsable du département de production dans l'audiovisuel, pour qui le milieu professionnel au Maroc devra être assaini en introduisant l'éthique dans les relations professionnelles, et particulièrement dans les pratiques de passation des marchés. Elle prône l'affectation des femmes dans ce genre de postes où l'on est à même de conclure des marchés à plusieurs millions de dirhams car, selon elle, « *les femmes sont moins corrompues que les hommes, parce qu'elles sont plus carrées dans leur travail* ».

Ces déclarations de nos cadres interrogées vont dans le sens des résultats de plusieurs travaux de recherche ayant démontré que les femmes possèdent des standards d'éthique plus élevés que les hommes (Bakass et al., 2013; Collins, 2000). En effet, Collins (2000) avait recensé 47 études s'intéressant aux différences et/ou similitudes dans les comportements éthiques des hommes et des femmes. Bien que la majorité des études soulignent une sensibilité éthique plus forte chez les femmes que chez les hommes (32 des 47 études), d'autres travaux n'ont pas pu révéler l'existence d'éventuelles différences entre les deux sexes. Néanmoins, aucune étude n'a pu démontrer une prévalence de la sensibilité éthique chez les hommes par rapport aux femmes (ibid.).

Par ailleurs, les interviewées ont insisté sur d'autres qualités qu'elles estimaient posséder, dont la communication et l'empathie qui étaient le leitmotiv dans leurs discours. Pour elles, les femmes ont des capacités importantes de prendre en compte, si ce n'est en charge, les difficultés vécues au quotidien, aussi bien dans la vie privée que dans la vie professionnelle, tout en ayant la conscience et la capacité de séparer les deux. En ce sens, *Mme Ranya*, responsable des ressources humaines dans la grande distribution, atteste que la femme est très différente de l'homme dans sa façon de communiquer, elle a « *plus de facilités pour mettre la personne à l'aise* ». Ce que confirme une autre participante :

> *Je vais vraiment donner de l'importance à ce que la personne va me dire, je vais vraiment l'écouter pour lui montrer qu'il m'intéresse en tant que personne, il n'y a pas que le coté professionnel. […] Après on passe aux choses sérieuses. On va essayer d'avoir du relationnel avec tout le monde : les clients, les collègues, les supérieurs et les subordonnés. (Firdaous, Directrice d'agence)*

Ainsi, elles s'accordent toutes pour donner une importance particulière à la façon de « *faire passer le message* », de demander une information ou encore de demander l'exécution d'une tâche. Pour elles, cela doit se faire avec beaucoup de tact, d'écoute, de sang-froid, et surtout d'empathie, tout en usant des propos amicaux, dénués de sous-entendus vexatoires. D'ailleurs, Tomlinson, Brockbank & Traves (1997) soulignent l'importance de la facilité de communication et de l'empathie dont sont dotées les femmes cadres et qui constituent un avantage considérable par rapport à leurs homologues masculins.

Dans ce sens, Fortier & Giasson (2007) estiment que le fait que les femmes usent de leur empathie « *pour comprendre les réactions des autres, pour apprendre sur les autres et sur l'organisation* » dans laquelle elles évoluent, est à même de les doter d'un leadership qui leur permet de mieux remplir leur rôle de manager.

Parallèlement à ces qualités estimées, par nos interviewées, comme étant positives et appréciées de leurs homologues masculins, certaines d'entre elles évoquent une caractéristique qui, selon elles, distingueraient les femmes des hommes. Il s'agit de leur caractère docile ou soumis tel que les hommes (supérieurs hiérarchique et collègues) le perçoivent ; c'est du moins ce que les déclarantes croient que les hommes pensent d'elles. En effet, certaines d'entre elles admettent que les femmes sont souvent perçues comme étant soumises, et que les hommes dirigeants préfèrent recruter des femmes pour leur faire faire tout le travail qu'on leur demande, sans risquer d'être bousculés.

> *Elles sont plus soumises que les hommes ou plutôt dociles c'est mieux, car soumise c'est peut-être un peu trop. C'est-à-dire qu'un supérieur hiérarchique n'aura pas à trop argumenter par rapport à une tâche à faire vis-à-vis d'une femme qu'à un homme, pour lui c'est plus facile pour ne pas rentrer dans des conflits. (Fatima-Zahra, Responsable Achat senior)*

> *J'ai l'impression qu'ils se disent que l'homme va me tenir tête. L'homme pourra être capable de nous bousculer, alors que la*

> *femme non. On pourra lui dire ce qu'on veut ! On pourra lui faire faire ce qu'on veut, elle ne dira jamais non. (Mariam, Cheffe de département textile)*

Cette soumission des femmes aux hommes est inhérente aux rapports sociaux traditionnels, et est le résultat d'un processus de socialisation et de conditionnement qui façonne la femme « *sous les traits de la douceur, du désir de plaire, du sacrifice de soi, de l'obéissance et de la culpabilité* » (Fourès, 2010) aussi bien dans les pays judéo-chrétiens (ibid.) que dans les pays arabo-musulmans (Damahi-Haidoux, 2010).

Néanmoins, les cadres participantes à notre étude ont toutes réfuté l'image de soumission véhiculée par les stéréotypes, et ont revendiqué, non sans fierté, une force de caractère et une forte personnalité, même si elles sont amenées parfois à laisser leur « *fierté à part quand il s'agit du travail* » (*Mouna, Ingénieure commerciale*), faisant preuve d'altruisme, de disponibilité et d'engagement envers l'organisation. Elles tentent ainsi, délibérément ou involontairement, de battre en brèche la doxa de l'indisponibilité professionnelle des femmes.

> *Moi je ne suis pas docile du tout. [...] Je peux me faire entendre, mais quand ça arrive vraiment à titre personnel, ça va être un peu délicat. [...] J'ai un caractère assez fort. Quand il faut dire les choses je les dis et quand il faut réclamer, ben je réclame. (Sarah, Responsable d'unité de management)*

> *Il faut dire que je n'avais pas d'horaire, je faisais les 15 heures, les 24 heures [...] parfois, quand il le fallait. (DGA assurance)*

Que la soumission des femmes soit un trait de leur personnalité ou le simple fait d'une perception stéréotypée des hommes, il n'en demeure pas moins qu'elles soient de plus en plus recrutées dans des postes de management et d'encadrement, en préférence à des hommes, en raison des qualités qu'elles possèdent. C'est du moins ce que nous a confirmé la majorité des répondantes, qui affirment que les dirigeants d'entreprises font de plus en plus confiance aux femmes, les recrutant désormais dans des postes de responsabilités, stratégiques et surtout très sensibles, en regard de leur fidélité à l'entreprise, leur implication, leur rigueur et leur sérieux.

Dans ce sens, les résultats de nos analyses corroborent les conclusions de l'étude de Bakass et al. (2013) qui affirment que les femmes marocaines sont altruistes, dévouées, loyales, honnêtes, courageuses, endurantes, multitâches, et gèrent leurs équipes mieux que les hommes. Ces qualités favorisent, selon les auteurs, le recrutement des femmes, d'autant plus qu'elles sont perçues par les hommes comme étant dociles, soumises et disposées à suivre les ordres (Bakass et al., 2013).

Par ailleurs, la confiance accrue accordée aux femmes de la part des dirigeants marocains s'inscrit dans une dynamique mondiale, où l'on estime qu'il faut recruter des femmes pour avoir les meilleurs cadres dans son entreprise (Sharpe, 2000; cité dans Eagly & Carli, 2003), puisqu'elles possèdent les qualités et traits de personnalité leurs permettant d'exercer un leadership intéressant pour les organisations (Lipman-Blumen, 1992). Pourtant, « *La femme doit sans cesse conquérir une confiance qui ne lui est pas d'abord accordée : au départ, elle est suspecte, il faut qu'elle fasse ses preuves* » De Beauvoir (2014).

5.1.2 Démonstration des compétences, rapport au pouvoir et leadership

D'après les déclarations de nos interviewées, les femmes cadres possèdent plusieurs qualités comme le sérieux, l'engagement, l'implication, la loyauté, la diligence, le zèle, l'endurance, la persévérance, l'écoute, la communication, l'empathie, l'éthique, mais également la fermeté et l'aplomb. Des qualités très récurrentes dans les déclarations de nos interviewées, dans la revue de littérature. Qui plus est, ces qualités sont reconnues par les hommes, en l'occurrence les dirigeants et les managers d'entreprises, ce qui les pousse à les recruter et/ou les promouvoir dans des postes de responsabilités. Ceci se fait de plus en plus au détriment des hommes qui, dans une économie mondialisée, perdront le pouvoir puisque l'on valorisera davantage la force mentale (qualité féminine) à la simple autorité (caractéristique masculine) (Conlin, 2003; cité par Eagly & Carli, 2003).

Il n'empêche qu'elles sont toujours confrontées aux regards suspicieux de leurs collègues et collaborateurs, en particulier les hommes, puisque on leur reproche de manquer « *des qualités essentielles comme l'agressivité, l'affirmation, la confiance en soi, l'ambition et la visée à long terme, l'indépendance, pour n'en nommer que quelques-unes* » (Fortier & Giasson, 2007) et par ricochet, on leur attribue un manque de compétences (Marchand et al., 2007).

C'est dans ce sens que les déclarations de nos interviewées viennent affirmer leur recherche sempiternelle de crédibilité dans un milieu historiquement dominé par les hommes, et où elles sont considérées comme illégitimes pour occuper des postes hiérarchiques élevés (Laufer, 2005). Un manque de crédibilité qui selon elles, est lié à l'âge plutôt qu'au genre, si l'on se fie à l'expérience et le vécu de certaines de nos interviewées. En effet, elles sont souvent encore jeunes, même si elles ont fait des études supérieures sanctionnées généralement par des diplômes bac+4 ou bac+5 avec des expériences dans d'autres entreprises.

Néanmoins, elles voient souvent leur légitimité contestée et leur crédibilité mise à mal quand elles intègrent une entreprise directement dans un poste de management. Dès lors, elles se sentent obligées de s'inscrire dans une démarche visant à se rendre crédibles, qui selon elles, passe inéluctablement par la démonstration de leurs compétences en redoublant continuellement les efforts, comparativement à leurs homologues masculins.

> *Quand on s'engage, on s'engage réellement, peut-être pour vous donner la preuve qu'on est les meilleurs. On s'acharne pour prouver vraiment qu'on est à la hauteur. On essaie toujours de prouver le contraire que …on est là, on travaille, si ce n'est pas le double de votre travail. (Narjiss, Directrice de magasin)*

> *[...] au même poste la femme trinque plus. Au même poste, on voit la femme travailler plus parce qu'elle a besoin de s'affirmer plus, donc elle travaille plus. (Majdouline, Directrice académique)*

Ce scepticisme à l'égard des femmes occupant des postes de management et/ou de direction, en les soupçonnant de ne pas posséder les compétences requises pour occuper des postes historiquement masculins peut, à notre sens, s'expliquer par les éternels stéréotypes sexistes du type « *think manager, think male* », relatifs à des questions de pouvoir (Alimo-Metcalfe, 2007; Schein, 2007) et d'autorité, ce que certains chercheurs qualifient d'«*incongruité de rôle de genre* » (Eagly & Carli, 2003; Heilman, 2001; Heilman et al., 1989) . En outre, la défiance à laquelle doivent faire face les cadres marocaines ne vient pas que des hommes. Les femmes aussi les jugent à travers le prisme de ces stéréotypes, quel que soit leur rang (supérieures hiérarchiques, collègues, ou des subordonnées).

Elles se retrouvent dès lors devant un double défi qui conditionne leur intégration dans l'entreprise. Outre le fait qu'elles se sentent dans l'obligation de démontrer leurs aptitudes et leurs savoir-faire, les femmes interrogées évoquent le besoin d'asseoir leur autorité, condition sine qua non pour elles, de gagner en légitimité dans l'organisation et être crédibles aux yeux des équipes qu'elles intègrent.

> *Personnellement, j'ai 7 personnes sous ma direction; elles sont toutes plus âgées que moi et des hommes en plus. C'est vrai qu'au début c'était un peu difficile. Il fallait s'imposer et montrer que l'on est compétente. Mais dès que tu as fait tes preuves, les choses sont devenues plus simples. (Selma, Directrice marketing)*

Dans leur quête de reconnaissance, avec en filigrane l'objectif d'évoluer dans la hiérarchie de l'organisation, les femmes cadres interrogées affirment qu'elles ne sont pas dans une revendication de pouvoir, biens qu'elles soient amenées à l'exercer. Pour elles, en dépit des prérogatives liées aux postes, leur rapport au pouvoir est très différent de celui de leurs homologues masculins. Ces résultats vont dans le sillage des conclusions d'autres études, notamment celle menée par Chatard et al. (2005), qui estiment que les femmes sont« *moins attirées par le pouvoir et la domination* ».

Ainsi, nos répondantes déclarent ne pas être dans une démarche autoritaire. Elles sont plutôt dans une démarche privilégiant la communication, l'implication et la motivation de leurs collaborateurs (rices).

> *Je préfère communiquer avec mes collaborateurs d'une autre manière, plutôt que l'autorité. Non je ne suis pas autoritaire du tout. Je ne sais pas le faire. Je vais faire passer le message d'une autre manière plutôt que de donner des ordres (Kaoutar, Responsable contrôle de gestion)*

Nos interviewées affirment à l'unanimité qu'elles déploient des méthodes différentes de celles des hommes, pour demander l'exécution d'une tâche à un subalterne ou encore quand elles demandent une information par exemple. Elles sont plutôt dans une approche collégiale et amicale plutôt que d'être dans une approche transactionnelle « donnant-donnant ». Pour ce faire, elles usent de leur sens de l'écoute active, de leur charisme, de leur empathie et de leur capacité de comprendre les besoins des autres dans le but de les inciter à s'acquitter de leurs missions et les mobiliser vers l'atteinte des objectifs communs.

Néanmoins, elles déclarent être obligées dans certaines situations de faire preuve d'autorité et de détermination, particulièrement vis-à-vis de leurs collaborateurs (hommes) les plus âgés qui font partie de « *l'ancienne école* ». Ils n'acceptent pas l'autorité d'une femme, qui plus est, plus jeune qu'eux et pourraient dans certains cas avoir « *l'âge de leurs filles* ». Face à cette situation, les jeunes femmes cadres n'hésitent pas à endosser le rôle de manager directif et autoritaire avec recours au système de sanctions et récompenses pour leur montrer qu'il ne faut pas prendre leur « *façon de faire pour une faiblesse* », à l'image de cette jeune femme cadre :

Tu peux faire du rentre-dedans parfois pour rappeler les gens à l'ordre, pour ne pas perdre le contrôle et tu continues à les caresser dans le sens du poil et être aux petits soins avec eux […]. Il y en a d'autres qui ne le feront pas, même si j'essaie gentiment plusieurs fois, parce qu'ils ont pris l'habitude comme ça depuis longtemps, mais quand je vois que ça ne marche pas gentiment avec eux, parce qu'ils se disent que je suis gentille, je ne peux pas les contraindre à le faire de quelque manière que ce soit, jusqu'au jour où je leur fais du rentre dedans, et là ils se remettent en question et ils se disent que je peux aller plus loin et leur appliquer des sanctions. Là, ils reconsidèrent la situation et ils font ce que je leur demande. (Hayat, Directrice d'agence)

En dehors de quelques situations conflictuelles ponctuelles, où les jeunes cadres sont obligées d'exercer purement et simplement l'autorité à l'égard de leurs subordonnés, elles sont généralement dans un style de management participatif, faisant preuve d'une capacité de soutien et d'inspiration pour leurs équipes, comme l'assure cette directrice d'agence bancaire :

Moi j'adopte un style de management très participatif, on ne sent pas forcément la hiérarchie au niveau de l'agence. Mais quand il faut être autoritaire, il faut l'être ! Aujourd'hui on n'est pas très nombreux, c'est une petite équipe, on est douze personnes au niveau de l'agence, on travaille tous ensemble, quand il s'agit de la moindre petite décision à prendre je fais participer tout le monde. Même les chargés d'accueil, je me réunis avec eux, je prends leurs avis. (Firdaous, Directrice d'agence)

Ainsi les cadres marocaines affirment établir un mode de management démocratique, ductile, collégial et non autoritaire, basé sur la motivation et l'implication des collaborateurs (rices). Un style de management efficace et qui leur ressemble en étant diamétralement opposé à celui pratiqué par les hommes qui favorisent un style autoritaire hiérarchisé.

Cette perception que les cadres marocaines ont des différences dans les styles de mangement entre les hommes et les femmes, va dans le sens de la distinction faite par Lewin et Lippitt (1983) entre les leaders au style démocratique et ceux au style autocratique (Lewin et Lippitt, 1938; in Saint-Michel, 2010), ce que Bass (Bass, 1985) nommera respectivement, leadership transformationnel et leadership transactionnel.

Partant de là, les propos de nos répondantes décrivant leurs caractéristiques communes dans l'exercice de leurs responsabilités supposant qu'elles adoptent un style de management et de leadership transformationnel qui leur serait avantageux, qui serait à même de leur permettre de fédérer leurs équipes et d'atteindre les objectifs. Cela va dans le sens des croyances les plus répandues selon lesquelles les femmes exerceraient un leadership différent de celui exercé par les hommes (Amadieu, 2013).

> *Je trouve que la femme est plus légitime par le leadership que par l'autorité. Et beaucoup de personnes qu'on peut faire adhérer, qu'on peut gérer, qu'on peut faire travailler plus par le leadership que par l'autorité. Et c'est vrai que les hommes [...] sont plus dans l'autorité [...]. Moi je trouve que le plus important est de faire travailler les gens, et de les faire partager les problématiques, et de trouver une solution avec eux. Et là on les amène vers la solution et non pas l'imposer [...]. Et donc si les gens considèrent qu'ils sont partie prenante dans le travail, ils réfléchissent à trouver la solution. (Khadija, Cheffe du département production)*

Bien que nos répondantes aient des profils bien différents les unes des autres, elles ont toutes manifesté, explicitement ou implicitement, le besoin de s'imposer dans le monde de l'organisation, traditionnellement masculin. Pour ce faire, elles ont dû faire face aux difficultés liées à l'« incongruité des rôles » entre, d'un côté, les rôles traditionnellement féminins et, de l'autre côté, ceux du leader ou du manager, toujours considérés comme l'apanage des hommes (Schein, 1976, 2007).

Pour y arriver, les cadres marocaines, se comportent de manière extrêmement habile en rassurant l'ensemble de l'équipe (supérieurs, collègues et subalternes). Conscientes que leurs performances et leurs résultats sont plus observés et scrutés que ceux de leurs collègues masculins, comme l'avait souligné Kanter (1977). Elles s'efforcent de redoubler d'efforts pour démontrer leurs compétences, en travaillant davantage que le poste ne l'exige. Elles essaient également de prouver qu'elles sont aptes à diriger leurs équipes respectives, avec des qualités de management et de leadership supérieures à la moyenne (Rinfret & Lortie-Lussier, 1996b; Singh & Vinnicombe, 2004), sans qu'elles troquent leurs féminités contre des comportements masculins, ce qui constitue pour elles un vrai dilemme.

Face à ce choix « cornélien », et afin d'éviter de basculer vers l'assimilation des valeurs et des comportements masculins au sens de Kanter (1977), nos cadres féminins adoptent un style de leadership transformationnel, en se basant sur leurs qualités personnelles, qu'elles considèrent comme des qualités propres aux femmes, en usant de leur charisme, leur empathie, leur sens élevé d'écoute et de communication, ainsi que leurs aptitudes à stimuler intellectuellement leurs équipes, tout en adoptant une approche pacifique dans la gestion et la résolution des conflits professionnels.

5.2 Les relations interpersonnelles au sein des organisations

Comme on vient de le voir, les femmes interrogées attestent avoir davantage d'aptitude en matière de relations humaines comparées aux hommes : communication, sens de l'écoute, empathie et gestion des conflits. Elles font très attention au climat du travail, et sont plus conciliantes avec tout le personnel de l'organisation. Toutefois, malgré ces aptitudes relationnelles, les cadres marocaines rencontrent un certain nombre de difficultés dans leurs rapports avec les autres.

En effet, les relations professionnelles des femmes au sein des organisations sont complexes, dans la mesure où elles doivent faire « *toute une gymnastique* », en fonction du sexe et du rang hiérarchique de leur interlocuteur (rice), comme nous l'explique une répondante, avec en prime, une préférence pour travailler avec les hommes quels que soient leurs niveaux hiérarchiques.

Pour elles, le rapport de force entre les sexes existe certes, mais dès qu'elles gagnent en crédibilité, les relations avec les hommes deviennent harmonieuses et leur collaboration productive ; alors que leurs relations avec les femmes restent mitigées.

5.2.1 Relations avec les collègues et les subordonnés

Dans leurs relations professionnelles avec les subalternes, les cadres marocaines que nous avons interrogées, avouent devoir adopter deux profils différents, selon le sexe du collaborateur. Et contrairement à ce que l'on pouvait supposer, elles affirment préférer avoir des collaborateurs plutôt que des collaboratrices, même si elles rencontrent quelques difficultés au début, notamment en matière d'autorité, comme l'illustrent les affirmations de cette directrice d'agence Telecom :

> *J'ai trouvé plus de difficultés avec les hommes qu'avec les femmes, parce qu'ils n'acceptaient pas les femmes. Parce que c'est une femme et qu'elle est jeune et parce qu'elle ne sait pas être autoritaire. [...] Je n'ai eu ce problème qu'avec mes collaborateurs masculins. Avec mes collaboratrices, je n'avais pas de soucis, il suffisait qu'elles sachent que je suis capable de les assister ou bien que je sais un peu plus qu'elles. (Hayat, Directrice d'agence)*

Nonobstant cette déclaration, notre répondante nous confirme, dans la suite de l'entretien et à l'instar des autres répondantes, sa préférence pour travailler avec des collaborateurs hommes plutôt qu'avec des collaboratrices, parce que pour elle : « *ça passe mieux, dès qu'ils sachent de quoi on est capable* ». Ces propos, ainsi que ceux des autres interviewées, vont dans le sens de la contestation et les préjugés que suscite la présence des femmes dans les organisations, notamment dans les postes d'encadrement, et de la légitimité qu'elles doivent gagner pour se faire accepter.

Ainsi, les affirmations de nos répondantes révèlent l'existence de deux étapes dans leurs rapports avec leurs subordonnés masculins. La première étape, qui ne dure pas très longtemps, où les femmes managers, confrontées aux réticences des collaborateurs, doivent démonter leurs aptitudes techniques et leurs capacités de leadership pour se faire accepter, quitte à faire preuve d'autorité dans certaines phases de leur collaboration. Deuxième étape, les collaborateurs (hommes) convaincus des compétences de leurs managers femmes, adoptent leurs styles de management et de leadership et adhérent à leurs valeurs et leurs objectifs.

En revanche, les relations avec les collaboratrices sont, selon nos répondantes, plus compliquées à gérer puisqu'elles « *dépassent un peu les limites* », comme le confirment plusieurs interviewées. Selon elles, les collaboratrices n'ayant pas statut de « cadre » sont dans une approche informelle des relations professionnelles. En effet, elles passent outre les relations formelles, quand elles sont devant une supérieure hiérarchique femme, et essaient d'établir avec elles des relations de copinage.

> *J'ai toujours eu plus de facilité avec les hommes qu'avec les femmes. Les hommes vous testent dès le départ si vous êtes capable ils vous adoptent et vous suivent. Je parle de mon expérience personnelle. Alors que les femmes sont beaucoup plus difficiles parce qu'elles croient que tout est permis lorsqu'elles ont une responsable femme. Elles veulent que vous partagiez, que vous comprenez, elles pensent que vous compreniez tout quand elles ne font pas correctement leur travail ! Être solidaires entre femmes ! (Majdouline, Directrice académique)*

Par ailleurs, les relations des femmes managers avec leurs collègues du même niveau hiérarchique semblent être saines, harmonieuses et de bonne entente avec les deux sexes. Les interviewées déclarent entretenir de très bonnes relations avec les femmes cadres du même niveau hiérarchique. Elles sont dans des rapports nettement plus « *professionnels* », particulièrement quand il s'agit de femmes d'un certain « *niveau intellectuel* », puisqu'elles savent faire « *un peu la part des choses* », comme l'explique l'une d'entre elles.

> *Il n'y a pas de différence entre le comportement d'un collègue de sexe masculin et de sexe féminin ; non aucune différence au niveau du comportement avec moi. (Mariam, Cheffe de département textile)*

Néanmoins, et sans donner de détail sur le degré de cooptation et/ou de rivalité entre les femmes du même niveau hiérarchique, elles expriment une préférence pour des relations professionnelles avec des collègues masculins. Or, dans leurs relations professionnelles avec les hommes du même niveau hiérarchique, les femmes managers essaient d'établir des relations informelles plutôt que de rester dans des rapports purement formels. Elles vont ainsi user de leurs qualités féminines comme le tact et l'empathie, et employer, de temps à autre, leurs capacités séductrices.

> *On fait valoir notre atout de séduction. On est des femmes ! […], je suis le genre qui achète le gâteau d'anniversaire quand il s'agit de l'un de mes collègues, ou faire un geste avec leurs enfants, […] ! Tu te paies une relation. C'est très important au Maroc ! (Mouna, Ingénieure commerciale)*

Ainsi, pour certaines de nos interviewées, au-delà des rapports professionnels formels, les relations informelles sont très importantes au Maroc, particulièrement avec des collègues masculins. Elles reconnaissent cependant qu'elles sont généralement forcées de gérer d'éventuelles attirances sexuelles, qu'elles sont susceptibles de dégager (Ponchut & Barth, 2012) volontairement, par des comportements séducteurs, ou involontairement, du fait qu'elles travaillent avec des hommes « *plusieurs heures par jour* », comme le précise l'une d'entre elles.

5.2.2 Relations avec la hiérarchie

A l'image des relations professionnelles des femmes cadres avec leurs collègues et leurs subalternes, leurs relations avec leurs supérieurs hiérarchiques se dessinent en fonction du sexe de ces derniers. En effet, les individus ont tendance à favoriser le sexe opposé, pour ainsi paraphraser l'une de nos interviewées. Même son de cloche chez une autre répondante :

> *Personnellement je suis plus à l'aise avec mes supérieurs hommes qu'avec les femmes. Les supérieures de sexe féminin sont plus sensibles, même si je n'ai pas de problèmes avec elles. (Laila, Responsable de formation)*

Certaines de nos répondantes justifient le penchant des femmes pour coopérer avec des supérieurs hommes, par le fait que ces derniers favoriseraient « *la compétence et l'atteinte des objectifs* », et n'hésiteraient pas à promouvoir la personne idoine pour le poste, abstraction faite de son sexe.

> *J'allais quitter carrément l'entreprise parce que mon mari travaille à Rabat. Et c'est là que mon directeur des ressources humaines me propose un poste vacant à Rabat. D'ailleurs c'est lui qui m'avait promu de superviseur à RRH en l'espace de quelques mois puisqu'il a vu la qualité de mon travail. (Ranya, RRH)*

Il semblerait ainsi, que les femmes cadres trouvent « *un support chez les hommes plutôt que chez les femmes* », comme le précise cette directrice académique, et d'ajouter qu'« *une femme pourra même entraver l'ascension hiérarchique d'une autre femme* ». Or, selon d'autres déclarantes, les rapports des cadres femmes avec des supérieurs hiérarchiques hommes ne leur sont pas aussi souvent favorables.

Pour elles les comportements des hommes en positions hiérarchiques élevées sont tributaires de leurs backgrounds (éducation, socialisation, etc.) qui enferment certains d'entre eux dans une vision sexiste hiérarchisant les rapports homme-femme, en les dénigrant, les écartant des réseaux centraux et des promotions vers les postes supérieurs. Pour d'autres hommes, le fait qu'ils soient obligés, dans le cadre de leurs collaborations avec des femmes, d'adopter un certain nombre de protocoles supplémentaires et contraignants les pousse à les écarter, voire les rejeter, pour qu'ils puissent rester « *à l'aise entre hommes* », comme nous l'a exprimé une répondante.

Qu'elles soient écartées par les hommes en raison des jeux de cooptations homophiles (Buscatto & Marry, 2009) et d'un sexisme affiché en vue de maintenir un ordre social genré (Broadbridge & Hearn, 2008; Connell, 1985), ou pour éviter, tout simplement, des rapports teintés de gêne avec les femmes, les hommes ont tendance à préférer rester entre eux (Hope Pelled et al., 1999; Kanter, 1977), ce que d'aucuns qualifient d'homosocialité ou homophilie (Lipman-Blumen, 1976).

Cependant, malgré ces comportements homophiles des hommes, les femmes affirment préférer travailler avec des supérieurs hiérarchiques masculins plutôt que féminines. Qui plus est, cette homophilie n'existe pas entre les femmes cadres. D'ailleurs, à ce niveau hiérarchique les rivalités entre les femmes s'exacerbent, les conduisant dans des rapports très conflictuels que l'on peut qualifier de « *guerre des étoiles* » pour reprendre l'allégorie employée par une répondante.

5.2.3 Les relations femme-femme

Comme nous l'avons précisé plus haut, l'homophilie dans les organisations ne semble pas opérer entre les femmes, contrairement aux hommes. Pour l'une de nos déclarantes, il s'agit d'une « *autre paire de manches* », dans la mesure où les relations des femmes cadres avec leurs supérieurs hiérarchiques du même sexe renferment leur lot de difficultés, de rivalités et de conflits.

En effet, la solidarité féminine, où les femmes seraient supposées collaborer et former des alliances entre elles, conformément aux conclusions de l'étude de Korabik et Abbondanza (2004), indépendamment de leurs niveaux hiérarchiques, cède la place à des conflits (Heim & Murphy, 2004), des envies et des rivalités, qui se traduisent, le plus souvent par des hostilités.

> *[...] En revanche, nous ne trouvons pas cette complicité entre les femmes, au contraire il existe une rivalité voire même une envie entre elles, les empêchant de se serrer les coudes ou de s'entre-aider comme les hommes. (Samira, Contrôleuse de gestion)*

Ainsi, plutôt que de travailler entre femmes (Rose, 1978) et de se montrer solidaires les unes envers les autres, les cadres interrogées affirment, à l'unanimité, privilégier des relations professionnelles avec des hommes (South et al., 1982), et sont généralement satisfaites de collaborer avec eux, en dépit des contraintes sociales trop pesantes dans ce genre de relations, comme nous l'avons vu supra. De surcroît, elles ne sont sur le marché de travail que depuis un peu moins de deux décennies, et l'on pourrait, de ce fait, supposer qu'elles privilégieraient des relations femme-femme, pour éviter les rumeurs, et rester entre femmes. D'autant plus qu'elles pâtissent du regard suspicieux voire accusateur que porte la société marocaine sur les relations homme-femme.

Cette situation s'explique à notre sens par la longue exposition de ces femmes cadres, avant de réussir sur le plan professionnel, à des pressions subies à la fois à l'intérieur et à l'extérieur de l'organisation. En effet, la société marocaine, tout en plaçant les femmes dans une ambivalence (Naciri, 1994), a largement continué à dénigrer leur travail, ne leur reconnaissant que la vertu de l'enfantement, de la maternité et de l'entretien de la famille et du foyer (Zerari, 2006). En même temps, au sein des organisations, étant minoritaires dans les postes de management et d'encadrement, les femmes deviennent des figures de proues (Kanter, 1977, p. 1), et les pressions qu'elles subissent de leurs collègues masculins sont telles qu'elles doivent se surpasser et dépasser leurs attentes.

Ces pressions ont poussé les femmes, selon nos interviewées, à fournir beaucoup d'efforts, et elles ont dû « *batailler pour réussir* » comme l'a formulé l'une d'entre elles, afin de pouvoir surmonter ce statut qui leur était défavorable. Dès lors, et à force de « batailler », les femmes cadres deviennent plus exigeantes envers les autres femmes (subalternes), en matière de compétences et résultats, comme l'illustre les propos de ces deux interviewées :

> *La femme est plus impitoyable que l'homme ! Parce que du moment que la femme est arrivée à ce poste, c'est qu'on l'a tuée. Donc elle n'a plus de pitié ou d'indulgence. La femme devient très agressive. (Mouna, Ingénieure commerciale)*

> *Parfois nous-même, étant dans ces postes, on n'est pas plus indulgents envers une femme parce qu'elle est une femme ! Au contraire, je suis beaucoup plus exigeante envers elles. (Wafaa, DGA)*

De plus, les femmes ayant réussi à gravir les échelons des organisations au Maroc, outre l'adoption d'un raisonnement basé sur la méritocratie plus strict et plus exigeant envers leurs consœurs des niveaux hiérarchiques inferieurs, font preuve de jalousies exacerbées les unes envers les autres, et se sentent menacées des autres femmes, ce qui les poussent dans des compétitions destructrices que d'aucuns qualifient de « syndrome de la reine des abeilles » (Staines et al., 1974), en rendant plus difficile l'avancement hiérarchique des autres femmes (Vanbeselaere et al., 2003), voire-même les bloquer ou les pousser à démissionner comme le confirment les déclarations des cadres que nous avons interrogées, à l'image de la déclaration de cette ingénieure commerciale.

> *On se détruit mutuellement au lieu de se serrer les coudes. […] On est très mauvaises les unes envers les autres. Et c'est désolant ! Et ce, quel que soit le rang ou le poste. (Mouna, Ingénieure commerciale)*

5.3 Les codes de féminité dans les organisations

Si dans le passé les marocaines essayaient de neutraliser leur féminité, ne serait-ce qu'en apparence, dans le milieu professionnel, les femmes cadres d'aujourd'hui ne se cachent plus d'être des femmes et elles vont même jusqu'à le revendiquer, sans vouloir trop l'exhiber, à travers le style vestimentaire et les comportements qu'elles adoptent, comme en témoigne la déclaration de cette directrice académique :

> *Moi je dis qu'il ne faut pas complètement se débarrasser de sa féminité, mais plutôt moins exposer sa féminité. Mais cela ne veut pas dire adopter une attitude masculine, parce que de toute façon, même si j'adopte une attitude masculine, je ne peux pas cacher mes rondeurs, elles sont là. (Majdouline, Directrice académique)*

Pourtant, l'analyse de nos entretiens révèle que l'apparence physique des femmes et leurs attitudes continuent de susciter des réactions multiples de la part des hommes et des femmes elles-mêmes, perpétuant stéréotypes et préjugés sexistes à leur égard, notamment dans la sphère professionnelle.

Rappelons que par apparence physique ou l*ookism* (Browne & Giampetro-Meyer, 2003), nous entendons capital beauté, tenue vestimentaire et attitudes (Amadieu, 2002, 2013; Garner-Moyer, 2008), qui peuvent être considérés comme des indicateurs de la valeur d'un individu, et par conséquent de facteurs favorisant (ou pas) l'évolution de carrière. Nous avons également mis un accent particulier sur la tenue vestimentaire, distinguant entre les femmes voilées des femmes non voilées.

5.3.1 Les codes de l'apparence physique et vestimentaire

Si dans les sociétés occidentales, les stéréotypes liées à l'apparence physique, et leurs impacts sur le processus de recrutement, d'évaluation des performances, de rémunération et de gestion de carrière, ont fait l'objet de plusieurs travaux de recherche en sciences sociales telles la sociologie, le droit et la gestion (Amadieu, 2002; Bruchon-Schweitzer, 1990; Garner-Moyer, 2008; Heilman & Stopeck, 1985; Jackson et al., 1995a; Marlowe et al., 1996; Stevenage & McKay, 1999), il semblerait qu'au Maroc, les stéréotypes des apparences physiques font partie des sujets que l'on évite d'aborder en milieu professionnel, comme nous l'a expliqué l'une de nos répondantes.

En effet, quand on a posé la question à nos interviewées, nous avons observé des réactions, certes disparates, mais toutes affichaient la surprise et l'étonnement d'avoir « osé » évoquer le sujet. Après quelques moments de réflexion, voire d'hésitation pour certaines, les enquêtées ont pris le soin de répondre à notre question en évoquant tous les aspects de l'apparence physique ; d'autres ont subtilement évité de parler de la beauté physique, et ont bifurqué vers la tenue vestimentaire.

Pour les cadres enquêtées ayant choisi de répondre sans réserve à la question, l'apparence physique, dans son sens large, joue un rôle très important dans les relations interpersonnelles, et peut engendrer une « prime de beauté » (Amadieu, 2002), même si ce rôle et l'impact sur l'évolution hiérarchique des femmes qu'on lui reconnait reste limité.

> *Le physique joue toujours un rôle. On est dans une société de séduction. Et ce n'est pas le propre du Maroc, […], et il favorise les relations dans le milieu professionnel. […] Ça joue un rôle à 99%. Et dans l'avancement hiérarchique ça compte. Une personne bien habillée, avec une prestance, …a plus de chance, plus d'ouverture, même au niveau de l'évolution hiérarchique. (Mouna, Ingénieure commerciale)*

> *Elle joue toujours un rôle très, très, très important. Après dans l'ascension hiérarchique elle joue un rôle mais il est minime. D'une manière générale, l'apparence (la tenue vestimentaire, le physique, comment on se tient…) a une importance capitale dans notre société. (Fatima-Zahra, Responsable achat senior)*

En outre, en paraphrasant l'une de nos répondantes, les femmes ayant une apparence physique attrayante jouissent d'une aisance dans leurs rapports professionnels et se font accepter plus facilement, ce qui leur permet d'installer un climat de confiance très rapidement, et de « *briser la glace* » face aux clients, ou encore face aux collègues et aux collaborateurs.

Selon d'autres, l'employabilité des femmes attrayante, se renforce considérablement conformément aux conclusions de Jawahar et Mattsson (2005) et leurs carrières évoluent plus vite lorsque les décideurs sont des hommes. Les déclarantes affirment, cependant, que lorsqu'elles sont amenées à recruter ou à évaluer les performances, les femmes managers sont plus « objectives » et plus « professionnelles » que les hommes. Elles se basent sur les compétences et réalisations et non pas sur les apparences physiques, contrairement aux hommes, qu'elles accusent de subjectivité. Pour elles, les hommes sont plutôt sensibles aux femmes séduisantes, ce qui pourrait contrebalancer les tendances homosociales lors du recrutement. Ce résultat va dans le sens des conclusions d'autres travaux, notamment celle de Landy et Sigall (1974).

Par surcroit, pour certaines répondantes, bien qu'elles admettent l'impact positif de l'apparence physique pour les femmes dans le milieu professionnel, elles marquent leurs propos d'un bémol. Pour elles, une apparence physique séduisante est susceptible d'engendrer des effets négatifs pour les femmes occupant des postes de cadres.

> *Il y a un facteur qui peut favoriser ou, au contraire, freiner la carrière des femmes : le physique ! Quand on est bien physiquement, …c'est un facteur très encouragent et très contraignant au même temps. […]. Le premier est avantageux, […]. D'autre part, et Dieu le sait, il ne voit en toi que le côté sexuel. (Mouna, Ingénieure commerciale)*

> *Il y a pas mal d'hommes qui ont des idées reçues. Ils sous-estiment les compétences des femmes et attribuent aux femmes*

> *le fait qu'elles soient arrivées à des postes importants parce qu'elles ont utilisé leurs apparences ou des atouts qui sont plus féminins. (Khadija, Chef de département production)*

Ces propos ont été confirmés dans les déclarations d'autres répondantes qui assurent que les avantages tirés d'une apparence physique séduisante sont éphémères, car leurs effets n'opèrent que de manière ponctuelle, c'est-à-dire à des moments précis de leurs vies professionnelles, comme au moment du recrutement. En revanche, ces femmes doivent faire face à plusieurs stéréotypes et préjugés qui les desservent, et gérer plusieurs situations dans lesquelles elles sont susceptibles de se retrouver. Elles doivent notamment gérer les éventuelles attirances sexuelles qu'elles peuvent susciter chez les hommes (Ponchut & Barth, 2012), voire le harcèlement sexuel dont elles peuvent être victimes, comme nous l'ont exprimé certaines interviewées.

> *[…] rares sont les hommes qui font la part des choses quand ils ont une femme devant eux. C'est là où la femme devrait la jouer un peu fine. Ça veut dire ne jamais user de son charme ou user du fait qu'elle soit femme, etc. pour demander quelque chose […]. Parce que justement elle va susciter ça en lui. Et excuse-moi, je te le dis ouvertement, tu as 90% des hommes qui sont dans ce schéma-là. (Majdouline, directrice académique)*

Aussi, les femmes attrayantes occupant des postes de management doivent prouver leurs compétences et réaliser les objectifs fixés par leurs entreprises, car « *les entreprises cherchent des résultats* », comme nous l'a expliqué cette directrice d'agence télécom. Ce faisant, elles espèrent pouvoir éradiquer les préjugés selon lesquels les femmes sont incompétentes et qu'elles n'arrivent à obtenir de tels postes qu'en raison de leur beauté, comme l'ont déclaré plusieurs répondantes.

Dans le même sillage, les femmes attrayantes occupant des postes de management doivent affronter une combinaison de stéréotypes de rôles de sexe et de stéréotypes d'apparence physique. On considère qu'une apparence physique séduisante chez la femme est associée à une féminité élevée, ce qui est incompatible avec les postes de management selon le prisme du stéréotype : « *think manager, think male* » (Drogosz & Levy, 1996).

> *Je mettais ma féminité de côté et travaillais dans la neutralité qu'il faut, quoiqu'avec des gens tant que t'es une femme, t'es une femme ! (Lina, Directrice de la qualité)*

Ainsi d'après cette répondante, la stratégie la plus à même de lui permettre de se faire accepter en tant que « manager », et non pas en tant que « femme-manager », consistait à neutraliser sa féminité, y compris en adoptant une attitude, un langage et une gestuelle masculins, et en adoptant un style vestimentaire neutre, au point de se faire appeler par ses collègues masculins par un prénom d'homme. Cependant, contrairement à elle, les autres femmes cadres et managers que nous avons interrogées attestent non seulement vouloir conserver leur féminité apparente en milieu professionnel, mais elles la revendiquent, comme nous l'avons évoqué plus haut, notamment par des attitudes et des tenues vestimentaires féminines.

Par ailleurs, et au-delà du physique (capital beauté), la tenue vestimentaire des femmes en milieu professionnel joue également un rôle très important et devrait selon non interviewées répondre à des normes sociétales strictes. Toutefois, elles s'accordent toutes pour reconnaitre l'absence d'un conformisme vestimentaire.

Selon elles, il n'existe pas un code vestimentaire unique ou une tenue vestimentaire à prescrire, mais plutôt des tenues vestimentaires qui doivent être « *normales* », « *professionnelles* », « *correctes* », « *non choquantes* », « *non provocantes* » et « *adaptées* » à la situation et au contexte de l'entreprise. Autant de qualificatifs, sans pour autant définir exactement ce que doit-être une tenue professionnelle, correcte et non choquante.

> *Moi je dis toujours qu'il y a une tenue professionnelle à adopter. [...] ça ne veut pas dire qu'on ne peut pas être coquette, qu'on ne peut pas être jolie. Mais qu'on ne dépasse pas certaines*

éthiques. On va dire, pour ne pas tomber justement dans ce regard [attraction sexuelle). Mais cela n'empêche en rien d'être vraiment féminine. (Sarah, Responsable d'unité de management)

D'ailleurs, pour l'une d'entre elles, la tenue vestimentaire doit-être choisie en fonction de la silhouette de chaque femme, alors que pour les autres, elles se contentaient de citer des exemples de ce que ne doit pas être ou ce qu'il faut proscrire comme tenue pour une femme cadre. Ainsi, plusieurs d'entre elles soulignent qu'il faut bannir le décolleté et la minijupe, et exclure une mise en beauté (maquillage) à outrance, pour éviter les regards déplacés, les interprétations négatives et le manque de respect des collègues et des supérieurs hiérarchiques, comme le déclare cette cheffe de service dans la grande distribution.

Je pars de mon exemple, je ne suis pas une personne complexée, mais je dois m'habiller d'une façon normale et respectueuse, pour que personne ne me manque de respect. (Bouchra, cheffe de service caisse)

Cependant, nos interviewées n'ont pas hésité à souligner l'hégémonie des apparences dans la société marocaine, et l'importance de la tenue vestimentaire dans les rapports sociaux en général, et dans les rapports professionnels en particulier. L'une d'entre-elles le décrit ainsi :

Ça serait se mentir que de dire que l'habit ne fait pas le moine parce que l'habit fait le moine, c'est comme une carte de visite. (Fatima-Zahra, Responsable achat senior)

Même son de cloche chez les autres répondantes qui nous ont expliqué qu'une tenue vestimentaire peut avantager ou au contraire désavantager une femme, lorsqu'elle rentre dans des rapports interpersonnels avec des hommes, ou dans des rapports professionnels, notamment en négociation avec les clients ou les fournisseurs.

> *Il est [le patron] convaincu que s'il a besoin de te mettre quelque part, un séminaire par exemple, pour représenter l'entreprise, tu vas refléter un certain niveau de la société, tu donneras une bonne image de son entreprise. [...]. Mais si tu portes le voile, tu restes dans ton coin. (Mouna, Ingénieure commerciale)*

De toute évidence, l'apparence physique, y compris la tenue vestimentaire, joue un rôle dans la vie professionnelle d'une femme, particulièrement les cadres qui doivent projeter une image de compétence et de professionnalisme, pour se faire accepter par les membres de son équipe, et par les partenaires de l'organisation.

Cette image peut être affectée positivement ou négativement, en fonction de l'apparence des unes et des autres. Une apparence physique séduisante et une tenue vestimentaire agréable renvoie une bonne image de la personne : le sérieux, la crédibilité, la compétence et l'accessibilité, et par ricochet véhicule une bonne image de l'entreprise, et vice versa.

Cependant, il importe de souligner qu'il est des femmes cadres voilées, dont le nombre, ou du moins la visibilité dans les entreprises, progresse. Rappelons que le principe du voile est d'établir une limite ou de prendre de la distance dans les rapports avec les hommes ; ceci peut être perçu, dans le milieu professionnel, comme un renfermement de la femme voilée sur elle-même, ce qui est contreproductif pour l'entreprise.

Partant, nous avons essayé de savoir si le voile a un impact négatif sur la carrière des femmes cadres au Maroc. Et si oui, jusqu'à quel point peut-il gêner ou entraver la carrière de la femme voilée.

5.3.2 Peut-on être manager et voilée ?

À l'image des autres pays arabes, le Maroc a connu, dès les années 1990, la montée de la religiosité (Cherni, 2013), avec une visibilité accrue de l'habit dit islamique dans la sphère publique (El Ayyadi et al., 2007), et une croissance considérable du nombre de femmes qui portent le voile (hijâb). Toutefois, cette pratique ne peut être attribuée mécaniquement à une mobilisation idéologique (Cherni, 2013).

En effet, pour expliquer le port du voile, nos enquêtées voilées affirment partir de convictions religieuses personnelles, sans qu'elles ne se reconnaissent pour autant dans une idéologie islamiste. Comme le précise Rachik (2015) « *il s'agit d'un nouveau voile érigé en symbole religieux mais dont les usages dépassent le domaine religieux. [...] Dans la majorité des cas, les motivations ne sont plus seulement religieuses : on cherche à attirer le respect, à éviter les regards, les commérages et le harcèlement* ».

Pour nos interviewées non voilées, le voile n'est pas forcément toujours porté par des convictions religieuses, et ne constitue plus un symbole de pratiques religieuses strictes et rigoureuses. Il s'agit pour certaines d'entre elles d'« *un style vestimentaire et non pas une pratique religieuse* », comme le précise une responsable des ressources humaines voilée. Pour d'autres, il s'agit d'un garde-fou (Cherni, 2013) pour se protéger du regard suspicieux et accusateur de la société envers les femmes qui s'affichent, dans les lieux publics y compris les lieux de travail, habillées de façon moderne et sans porter le voile (Bakass et al., 2013).

> *C'est une controverse en lui-même, il y a des femmes qui le portent effectivement par conviction, il y en a d'autres parce qu'elles ont des rondeurs ou moins de cheveux donc elles portent juste pour passer inaperçues, ou c'est plutôt de l'hypocrisie. (Majdouline, Directrice académique)*

> *On a des femmes qui sont voilées par conviction religieuse, il y en a celles qui le sont parce qu'elles ont peur, celles qui veulent se marier, ou encore parce que c'est à la mode d'être voilée. (Wafaa, DGA)*

A travers ces propos, les déclarantes dénoncent l'instrumentalisation du voile par certaines femmes qui l'utilisent comme un artefact social à même de leur permettre d'accéder à l'espace public (Cherni, 2013) sans risquer d'être montrées du doigt. Dans le même ordre d'idées, les sociologues préfèrent parler de plusieurs formes de voile, en référence à la multiplicité des manières de le porter (noir ou couleur assortie à la tenue et aux autres accessoires, intégral ou partiel, ...) et la « *multiplicité des fonctions qui lui sont associé : il peut jouer la fonction d'accessoire de beauté autant qu'un cache misère, substitut aux coûts élevés d'entretien et d'achat de maquillage, d'indicateur de l'asexuation chez les ménopausées, de déguisement pour échapper à la surveillance des frères et quitter l'espace domestique sans susciter d'interrogation, ...* » (El Ayyadi et al., 2007, p. 207). Ainsi, le voile peut être considéré selon l'usage qu'on en fait et les stratégies et objectifs de celles qui le portent.

Pour ces auteurs, chaque type de voile renvoie à un « *degré d'orthodoxie et de ferveur religieuse* » de celle qui le porte. Cependant, quel que soit le type et la finalité, il est considéré au Maroc comme le symbole de la pureté vestimentaire (Bakass et al., 2013). Il renvoie une image de piété, de chasteté et de rectitude chez les femmes qui le portent (Cherni, 2013).

Néanmoins, force est de constater que bien qu'elles puissent bénéficier d'une bonne image dans la vie privée et publique, les femmes voilées souffrent d'une image plutôt négative dans l'espace professionnel.

En effet, le voile est très mal perçu dans les organisations, et peut constituer un réel frein à la carrière des femmes qui le portent. Elles sont souvent mises à l'écart, et sont discriminées à bien des égards. Dans ce sens, les répondantes nous affirment que, dans bien des cas, les entreprises rejettent les candidatures des femmes voilées, et bloquent leur recrutement. Et même quand elles sont embauchées, elles sont souvent affectées à des postes n'ayant pas d'enjeux stratégiques et/ou commerciaux pour l'entreprise comme le décrit cette ingénieure commerciale :

> *Mais quand tu portes le voile, on te donne le sale boulot, et tu restes dans ton coin, mais jamais dans les métiers valorisants. Ça freine ton évolution de carrière. Je peux vous dire pire que*

ça. Je connaissais des femmes, des commerciales comme moi, mais dans d'autres entreprises du même secteur, qui ont été licenciées lorsqu'elles ont porté le voile. Parce que, encore une fois, c'est un métier d'image ! (Mouna, Ingénieure commerciale)

Comme elle, d'autres répondantes confirment ces propos. Pour elles, le voile constitue bel et bien un frein pour l'évolution de carrière, puisque les femmes voilées renvoient une image négative, affectant l'image de l'entreprise. Selon elles, ces femmes peuvent être perçues comme non accueillantes, ne pouvant serrer la main aux hommes, ne pouvant participer à des événements professionnels (sorties, dîners, pots, soirées de gala, etc.), ne pouvant rencontrer les clients et/ou les fournisseurs en dehors des lieux et des heures de travail, etc.

De plus, les femmes voilées voient leurs opportunités d'évoluer hiérarchiquement compromises, en raison d'un accès aux réseaux qui se restreint davantage, et la distance qui s'installe de plus en plus entre elles et les hommes, qu'ils soient des collègues, des clients ou des fournisseurs, à cause du voile. Quoique ce dernier leur permet de gérer la distance et d'enlever les ambiguïtés dans les relations professionnelles entre les hommes et les femmes, à travers l'image de rectitude qu'il renvoie.

Quels que soient les avantages que représente le port du voile, il n'en demeure pas moins que l'image renvoyée par les femmes voilées, quant à leurs présumées attitudes négatives pour l'organisation, favorise le blocage de leurs carrières. Elles sont assignées, dans le meilleur des cas, à des postes « *camouflés* » selon nos enquêtées. Et au pire, cela peut entrainer un licenciement de celles qui décident de le porter alors qu'elles sont déjà en poste. Elles sont également discriminées et bloquées à l'embauche comme le confirme les propos de cette directrice des ressources humaines, qui affirme être recalée à la toute dernière étape du processus de recrutement :

> *En fait, j'ai réussi l'écrit, […] mais à l'oral j'ai été recalée à cause de mon voile. On m'a fait comprendre qu'ils ne pouvaient pas me recruter à cause de mon voile. Je crois que le port du voile ne peut limiter l'évolution des femmes que dans certains postes, […]. Dans mon cas je ne sais pas pourquoi je n'ai pas été admise. (Imane, DRH)*

Ainsi, dans une société où les apparences comptent beaucoup, comme le précisent nos interviewées, le voile serait incompatible avec le milieu professionnel. Qui plus est, le voile véhicule un certain nombre de stéréotypes et nourrit des préjugés à l'encontre des femmes voilées, telle que la soumission et la docilité qui sont des traits de personnalités à bannir dans certains secteurs d'activité et certains métiers notamment les métiers commerciaux, de la communication et de l'évènementiel, etc.

Outre, ces stéréotypes, nos enquêtées évoquent d'autres formes de préjugés liées à leurs aptitudes. Pour elles, les femmes voilées sont perçues comme non qualifiées et incompétentes.

> *Mais au Maroc le voile constitue un grand frein, je vous dis. Moi je viens de le mettre il n'y a même pas une année. Le regard des gens change complètement, que ce soit dans l'entreprise ou dehors, quand on voit une femme voilée on se dit qu'elle n'est pas diplômée peut-être ou elle n'a rien dans la tête. (Fatima-Zahra, Responsable achat senior)*

Or pour d'autres, la femme ne doit pas être jugée pour sa tenue vestimentaire, mais uniquement pour sa compétence. Comme le déclare cette directrice de magasin de la grande distribution : « voile *ou pas voile, c'est question de compétences !* ». Et « *Ce n'est pas parce que je me couvre la tête ou je me découvre les jambes que j'ai quelque chose de moins ou de plus dans le cerveau* », nous explique cette responsable d'unité de management. Le même son de cloche dans les déclarations de cette cheffe de département production voilée qui confirme que les stéréotypes relatifs au port du voile peuvent être neutralisés dans certains cas et sous certaines conditions.

Comme en témoignent ses propos, il s'agit vraisemblablement de passer outre le handicap du voile, en s'affirmant par une personnalité forte, des compétences solides et des performances irréprochables. Nos répondantes précisent que cela dépend également de l'organisation dans laquelle évolue la femme voilée, et du type de voile qu'elle porte, ce qui va dans le sens des conclusions de l'étude d'El Ayyadi et al. (2007).

> *Pour le voile, ça dépend de l'entreprise, je ne pense pas aujourd'hui, que c'est un handicap. Honnêtement ! C'est la façon dont on porte ce voile-là qui va faire à mon avis la différence. (Sarah, Responsable d'unité de management)*

> *Franchement, personnellement, je n'ai jamais senti que c'était un frein […] sachant que j'ai mis le voile il y a longtemps, quand j'étais encore au lycée […]. Peut-être ce qui m'a aidée, comme je vous ai dit, j'étais toujours major de ma promotion, donc j'arrivais à m'affirmer peut-être ! (Khadija, Chef de département production)*

Rappelons toutefois, que cette répondante porte le voile depuis son adolescence, et a un parcours *sui generis*. Elle a fait des études d'ingénieur où elle avait excellé, avant d'être recrutée en fin de son parcours académique. Puis, elle a démontré des compétences, et a réalisé des performances dépassant celles de ses collègues masculins.

Par ailleurs, si l'on croit les propos de ces deux interviewées, et ceux d'autres répondantes, il semblerait que les femmes voilées se font de plus en plus acceptées dans les entreprises. Dans certains cas, le voile affecte de moins en moins négativement leurs carrières, comme le souligne *Mme Wafae* (*DGA*), ce qui corrobore les propos d'une autre déclarante qui affirme que les choses ont changé et que l'« *on voit beaucoup de femmes voilées occupant des postes importants* » (*Firdaous, Directrice d'agence*).

Le changement d'attitudes envers les femmes voilées dans les organisations, est dû probablement à la progression de leur nombre, particulièrement parmi les citadines, diplômées issues d'un milieu social moyen (El Ayyadi et al., 2007). En outre, la pluralité des types de voile, le changement des comportements de celles qui le portent, leur ouverture aux autres, sont autant de facteurs ayant largement contribués à nuancer, voire atténuer sa perception comme symbole de religiosité des femmes.

5.3.3 Les codes de comportement et de séduction

Corollaire de l'apparence physique *stricto sensu*, les comportements et les attitudes des femmes cadres contribuent à atténuer ou au contraire accentuer leur féminité. Les cadres que nous avons interrogées se sont montrées très loquaces à ce sujet, en évoquant de premier abord la séduction comme mode de résolution de problèmes, voire d'atteinte d'objectifs.

> *On ne peut pas inhiber ce fait naturel d'être tout le temps dans la séduction. Après le degré de la séduction diffère d'une situation à une autre. (Samira, Contrôleuse de gestion)*

D'ailleurs, la séduction fait désormais l'objet d'un certain nombre de travaux de recherche. Et d'aucuns évoquent le développement de la « *séduction comme mode de régulation des comportements de l'individu contemporain dans les organisations* » (Plane, 2008). Pour l'auteur la séduction est l'un des modes « *de régulation de son activité* », « *de résolution de problèmes* », pour faire face à des « *situations difficiles* » et « *de surmonter des obstacles divers* ».

Les propos des cadres interrogées vont, pour la majorité d'entre elles, dans ce sens puisqu'elles ont toutes reconnu que « *l'on est dans une société de séduction* », comme l'a formulé une directrice d'agence bancaire. Elles considèrent la séduction comme un mode de construction des relations interpersonnelles avec les hommes

Certes, elles ont évoqué certains comportements à adopter, et d'autres à bannir qui sont liés à la tenue vestimentaire, à la façon de travailler et de prouver leur mérite, ou encore à la façon d'exercer l'autorité. Elles s'accordent pour reconnaitre qu'elles usent de la séduction et de leur capacité à séduire.

Pour elles, la séduction fait partie de leurs moyens pour arriver à leurs fins professionnelles (négociations avec les clients, déclencher une vente, faire faire une tâche à un collègue, ...) et obtenir ce qu'elles veulent (informations...).

Il faut préciser que par le terme séduction, certaines de nos répondantes le comprennent dans un sens plus ou moins innocent

> *Aussi la séduction joue un rôle, dans les relations professionnelles et peut avoir un impact sur l'avancement hiérarchique. […] on joue avec ça. Moi je me sers de ça ! C'est-à-dire…je ne fais pas la pute ! Vous m'excusez l'expression. Mais je souris beaucoup, je regarde beaucoup le client ! (Mouna, Ingénieure commerciale)*

> *Dans la société marocaine, il y a cette notion : je suis belle, je suis jolie, j'en profite. Dans l'entreprise, pour pouvoir évoluer j'utilise mes …, c'est des choses qui peuvent exister. (Wafaa, DGA)*

D'autres répondantes reconnaissent implicitement que ce genre d'attitude de la part des femmes opère spécialement face à des hommes très réceptifs. Cette démarche de séduction est utile pour leur faciliter le processus de faire adhérer leurs équipes autour d'une idée ou d'un projet et des objectifs, de négocier des contrats avec des clients ou avec des fournisseurs.

> *[…] ils ont une certaine faiblesse vis-à-vis justement du sexe féminin. C'est qu'ils trouvent beaucoup plus agréable de parler à une femme, surtout sur le plan peut être commercial, et donc joindre l'utile à l'agréable. C'est plus agréable une femme ! (Majdouline – Directrice académique)*

> *Les femmes c'est beaucoup plus le contact client, …des postes où elle peut […] user de son charme pour détendre l'atmosphère, mais pas de l'autre manière… ce n'est pas de la séduction ! […] je n'aime pas le mot séduction. (IAM)*

Ainsi, les cadres interrogées ont toutes souligné l'importance de l'apparence physique et des attitudes sur le plan professionnel, y compris les cadres voilées. Pour une grande partie d'entre-elles, la femme, même manager ou directrice, doit garder sa féminité en milieu professionnel. L'exhiber à travers une tenue vestimentaire, qui doit toutefois être adaptée à l'organisation et à la situation professionnelle dans laquelle elle se trouve, et la mettre à contribution, à travers des comportements et des attitudes (tact, séduction, empathie), pour réaliser des objectifs professionnels, ou de carrière.

Cependant, pour nos interviewées, la séduction doit être considérée et utilisée comme un objet de valorisation et peut être considérée comme un outil de travail. Néanmoins, elles considèrent que cet outil doit être utilisé avec beaucoup de rigueur et de maitrise pour éviter de tomber dans les travers de cette « *arme à double tranchant* » comme le décrit l'une de nos interviewées. Dans ce sens, elles s'accordent toutes pour préciser qu'il faut respecter les codes de féminité, et éviter de choquer par une tenue vestimentaire inappropriée et/ou des attitudes et des gestes qui peuvent être interprétés équivoquement par les hommes, ce qui est à même de nuire à leurs réputations et leurs carrières.

CONCLUSION PARTIE 2

L'analyse des entretiens que nous avons menés, montre que les cadres marocaines sont tiraillées entre leurs engagements professionnels, gages de leur épanouissement personnel, et leurs responsabilités familiales, synonyme de réussite et de reconnaissance sociales. Elles accordent, cependant une importance particulière à la vie familiale, qui constitue, selon elles, leur raison d'être. Conscientes des difficultés auxquelles elles sont confrontées pour articuler les deux sphères de leur vie, les femmes interviewées avouent, pour la majorité d'entre elles, qu'elles se contentent de trouver un pseudo-équilibre entre les deux, moyennant des concessions, voire des sacrifices, effectués le plus souvent au détriment de leur vie professionnelle et de leur carrière.

En effet, dans un pays où le poids de la société et des traditions continue d'exercer une influence prégnante sur les femmes, nos interviewées ont exprimé un attachement profond à la vie familiale et à la priorité qu'elle représente pour elles, y compris lorsqu'elles sont célibataires. Fonder une famille demeure l'objectif ultime et partagé par toutes les femmes cadres interrogées. Elles reconnaissent que leur légitimité dans la société marocaine est souvent évaluée à l'aune de leur capacité à fonder une famille, de s'occuper de leur foyer, du bien-être de leur conjoint et de l'éducation de leurs enfants. Ce résultat rejoint les conclusions de Bakass et al. (2013), qui soulignent l'importance de la réussite de la vie familiale, considérée par la société marocaine comme la « *finalité suprême pour les femmes* ».

Ainsi, les femmes cadres interviewées reconnaissent que, dans la société marocaine, la réussite d'une femme se définit davantage par sa réussite familiale que par sa carrière professionnelle. Partant, plutôt que de se retrouver confrontées à un dilemme cornélien, où elles devraient choisir entre famille et carrière, comme le montrent d'autres études, notamment en France, elles envisagent la question en termes d'équilibre entre vie familiale et vie professionnelle, avec un dévouement prioritaire à la famille. Pour y arriver, la conciliation s'effectue inévitablement au prix de renoncements à des postes plus élevés, comportant davantage de responsabilités, synonymes d'une charge de travail plus importante et nécessitant plus d'énergie et d'implication.

D'autant plus que le conflit travail-famille, c'est-à-dire le débordement de la vie professionnelle sur la vie familiale, semble poser des difficultés particulières aux cadres marocaines. Autrement dit, le temps et l'énergie dont disposent les femmes sont régis par le principe des vases communicants. Toute énergie et temps supplémentaires consacrés au travail se fait nécessairement au détriment de leur « deuxième shift », c'est-à-dire le travail domestique (tâches ménagères et éducation des enfants), qui repose toujours sur leurs épaules et qu'elles considèrent elles-mêmes comme leur mission, voire leur prérogative, quel que soit le poste qu'elles occupent en entreprise.

Par conséquent, cette difficulté à concilier vie familiale et vie professionnelle pousse les femmes cadres à modérer volontairement leurs ambitions, qui, selon nos enquêtées, sont sinon « démesurées », du moins comparables à celles des hommes. Ainsi, contrairement aux stéréotypes répandus selon lesquels les femmes seraient moins ambitieuses que les hommes, les cadres marocaines choisiraient elles-mêmes le poste et le niveau hiérarchique (généralement first-line et middle management), qui leur garantit à la fois une « stabilité », un « épanouissement professionnel », une « reconnaissance sociale » et un « certain niveau de rémunération », tout en leur permettant de concilier travail et famille.

Dans le même sillage, au-delà des difficultés liées à l'articulation entre travail et famille, la vie familiale elle-même semble poser d'autres obstacles aux femmes cadres. Selon notre analyse des propos recueillis, la maternité représente un défi à trois niveaux : elle accentue le conflit travail-famille, rendant l'équilibre que les femmes tentent d'établir entre les deux sphères encore plus fragile et délicat ; elle est souvent mal perçue au sein de l'organisation, étant associée à un manque d'engagement, à une indisponibilité et à une baisse de productivité et de performance ; enfin, elle entraîne un ralentissement de leur évolution hiérarchique, du fait du congé de maternité et de l'énergie nécessaire pour s'occuper d'un bébé. Ce dernier aspect peut également se traduire par une réduction des opportunités d'acquérir une expérience professionnelle plus large, ce qui, à son tour, influence négativement le déroulement de leur carrière.

Outre les effets de la maternité, notre analyse a également mis en évidence l'existence d'autres facteurs organisationnels qui contribuent à freiner l'ascension hiérarchique des femmes cadres. Parmi ceux-ci figurent notamment les problèmes de légitimité, les discriminations lors du recrutement et l'impact du sexe de la hiérarchie.

Ainsi, bien que les femmes soient de plus en plus diplômées, au même titre que les hommes, elles continuent d'éprouver des difficultés à assoir leur légitimité au sein des organisations, une légitimité pourtant accordée d'emblée aux hommes. Elles doivent souvent redoubler d'efforts, et bien souvent en faire davantage que leurs homologues masculins, pour prouver leurs compétences et se faire accepter dans l'organisation, que ce soit par leurs collègues ou par leurs collaborateurs masculins.

Qui plus est, elles sont fréquemment victimes de discriminations au cours du processus de recrutement. Elles sont, souvent recalées en raison de leur sexe, d'abord à cause des risques d'indisponibilité, liés à d'hypothétiques congés de maternités, et à leurs responsabilités familiales. Elles peuvent également être discriminées en raison de leur apparence physique, en l'occurrence le voile, qui semble constituer un obstacle majeur tant à l'embauche qu'à l'accès à une éventuelle promotion.

Par ailleurs, lorsque les femmes parviennent à se faire recruter, elles sont souvent affectées à des postes pour lesquels elles sont généralement surqualifiées, ce qui ralentit le rythme de leur progression et limite le nombre de promotions auxquelles elles pourraient prétendre. Cela se traduit, *in fine*, par des niveaux hiérarchiques moins élevés que ceux leurs homologues masculins, même lorsque les diplômes sont équivalents et les compétences égales.

Quant au sexe de la hiérarchie, les cadres interviewées ont indiqué préférer travailler sous la responsabilité d'hommes plutôt que de femmes. Il semblerait que les rivalités et les jalousies entre femmes exercent un impact négatif plus marqué que les comportements homophiles et discriminatoires des hommes. Et ce, malgré les contraintes sociales qui pèsent encore lourdement encore sur les relations hommes-femmes, y compris dans le milieu professionnel.

En revanche, notre recherche a également mis en évidence l'existence de plusieurs facteurs susceptibles de favoriser l'avancement hiérarchique des femmes cadres. Celles-ci semblent en effet dotées d'une intelligence émotionnelle développée et d'une capacité à exercer un leadership transformationnel. Elles disposent également d'une bonne connaissance d'elles-mêmes et d'autrui, ce qui les aide à développer des relations interpersonnelles positives avec leurs subordonnés, leurs collègues et leurs supérieurs hiérarchiques, en particulier les hommes. De même, elles manifestent la volonté et l'aptitude à gérer les conflits de manière pacifique.

Dans la même veine, l'analyse révèle que les femmes cadres disposent également d'autres qualités telles que le sens des responsabilités, l'éthique, l'engagement, la loyauté, la ténacité, l'endurance, la recherche de l'excellence, la prise de risque, la volonté d'apprendre, le zèle, ou encore la capacité à travailler en équipe. Elles s'efforcent de mobiliser ces atouts pour favoriser leur réussite professionnelle. Qui plus est, ces qualités sont de plus en plus recherchées par les organisations, où l'on commence à reconnaître l'importance des contributions féminines, tout en continuant, paradoxalement, à les suspecter d'un manque de disponibilité et d'engagement, comme nous l'avons cité plus haut.

A côté de ces qualités, reconnues et vantées par les femmes interrogées elles-mêmes, l'accès à l'éducation et les diplômes supérieurs semblent jouer un double rôle, et non des moindres. D'une part, les savoirs acquis et les compétences développées au cours du parcours scolaire et académique, notamment dans les filières d'excellence (écoles d'ingénieur, grandes écoles de commerce) renforcent leurs capacités professionnelles et leur crédibilité. D'autre part, le fait de côtoyer leurs pairs masculins sur les bancs de l'école permet aux femmes et aux hommes d'apprendre à se connaitre et à se respecter, ce qui facilité par la suite leur collaboration en milieu professionnel. D'ailleurs, les femmes se montrent de plus en plus attirées par les études longues, de type licence et master, voire des mastères et des MBA, convaincues de l'impact positif que ces formations peuvent avoir sur leur employabilité et sur l'évolution de leur carrière

Soulignons toutefois que la majorité de nos répondantes, bien qu'elles soient salariées, ont repris des études et obtenu des diplômes, venant s'ajouter à ceux qu'elles détenaient déjà avant leur entrée sur le marché du travail. Leur objectif était d'améliorer et d'élargir leurs champs de compétences. Cette pratique mérite d'être soulignée, d'abord parce qu'elle a tendance à se généraliser au Maroc, chez les hommes comme chez les femmes, tous désireux de renforcer leur employabilité et rester compétitifs dans un marché en constante mutation. Ensuite, cela montre la capacité des femmes cadres à concilier famille, travail et formation.

Néanmoins, elle met en évidence la capacité des femmes cadres à concilier vie familiale, obligations professionnelles et engagements de formation. Néanmoins, cette démarche, bien qu'elle soit généralement limitée dans le temps, demeure exigeante. Elle requiert un investissement considérable en efforts et en énergie, ainsi qu'un soutien réel de la part du conjoint, ou plus largement de la famille (notamment les parents du couple). Enfin, cette recherche de formation supplémentaire s'explique aussi par l'insuffisance des dispositifs proposées par les entreprises en matière de formation continue et de développement personnel, souvent symboliques et souvent inefficaces, et ne peuvent, de ce fait, exercer un impact significatif sur l'évolution de carrière des femmes cadres.

En définitive, les propos recueillis laissent entendre que la majorité des femmes cadres interviewées ne se sentent pas discriminées au sein de leur entreprise, que ce soit en termes de postes, de responsabilités, de prérogatives, ou encore de rémunérations. Du moins, l'analyse de leurs déclarations suggère qu'elles ne se perçoivent pas comme victimes de discrimination, tout en reconnaissant l'existence de certains aspects de discriminations à leurs égards. Elles affirment néanmoins avoir su surmonter ces obstacles et soulignent que ces pratiques tendent à disparaitre, pesant de moins en moins sur leur évolution professionnelle.

Pour expliquer ce résultat, la théorie de la carrière subjective est à même de nous éclairer. En effet, selon cette théorie les femmes seraient davantage enclines à évaluer leur réussite professionnelle au prisme de l'articulation entre le travail et la famille. Ainsi, nos cadres interviewées, et plus particulièrement celles ayant des enfants, ressentent une grande satisfaction lorsqu'elles parviennent à trouver le juste équilibre entre ces deux sphères. Elles apprécient leurs réalisations, tant professionnelles que familiales, en se comparant principalement à d'autres femmes, plutôt qu'aux hommes, et ne se concentrent pas systématiquement sur les facteurs de blocage qui limiteraient la possibilité d'atteindre une carrière équivalente à celle des hommes parvenus aux plus hauts niveaux de l'organisation.

CONCLUSION GÉNÉRALE

Au terme de ce travail, il apparaît clairement que les mutations sociodémographiques, économiques et éducatives observées au Maroc au cours des dernières décennies ont certes permis une amélioration notable de la condition féminine, toutefois, elles n'ont pas suffi à engendrer une transformation profonde des représentations sociales ni des modes de fonctionnement organisationnels. L'accès massif des femmes à l'enseignement supérieur, la diversification de leurs trajectoires professionnelles et l'affichage d'une volonté politique en faveur de l'égalité ont indéniablement façonné un paysage nouveau. Néanmoins, ces avancées demeurent largement inachevées : les discriminations persistent, en particulier au sommet de la hiérarchie, là où s'exerce le pouvoir décisionnel.

Malgré l'élévation spectaculaire du niveau d'éducation des femmes, leur présence dans les postes d'encadrement supérieur et de direction reste encore limitée. Ce paradoxe confirme que l'égalité formelle ne garantit pas l'égalité réelle, et que les mécanismes de reproduction des inégalités demeurent puissants. Le phénomène du plafond de verre, souvent présenté comme « transparent », apparaît en réalité comme un système d'une grande opacité, un « phénomène au moins aussi opaque que le plafond de verre est transparent », pour reprendre la formule de Colmou (1999). Il s'agit d'un dispositif subtil, diffus, souvent invisible, mais remarquablement efficace pour freiner l'ascension des femmes vers les plus hauts niveaux de responsabilité.

Notre étude nous a permis de mettre en lumière la complexité de ces mécanismes et d'en analyser la dynamique à partir des récits et des expériences des femmes cadres. Les données recueillies au cours des entretiens dépassent largement les attentes initiales : elles révèlent une diversité, une richesse et une profondeur d'analyse qui rendent compte, avec une grande finesse, des tensions, contraintes et arbitrages auxquels les femmes sont confrontées. À travers leurs paroles, nous avons pu saisir les logiques sociales, culturelles et organisationnelles qui structurent leurs parcours professionnels, mais également les stratégies qu'elles développent pour contourner ou atténuer ces obstacles.

Les résultats de notre recherche montrent que les difficultés rencontrées par les femmes s'organisent autour de trois grandes catégories d'obstacles, qui forment un continuum structurel au sein des organisations : le plancher collant, les parois de verre et les vents contraires.

Le plancher collant renvoie à l'ensemble de facteurs qui ralentissent l'entrée des femmes dans la vie active ou freinent leur progression dès le début de carrière : discriminations au recrutement, préjugés liés à la maternité, embauche à des postes en deçà de leurs qualifications, surinvestissement nécessaire pour prouver leur légitimité, accès restreint aux réseaux professionnels. Ce plancher collant ancre les femmes dans des positions subalternes et retarde durablement leur ascension hiérarchique.

Les parois de verre traduisent l'existence de frontières horizontales qui cloisonnent les femmes dans certaines fonctions ou les écartent de domaines jugés exigeants en disponibilité et en mobilité. L'apparence, les stéréotypes d'indisponibilité, la perception de leur rôle familial ou encore les représentations associées à certaines professions participent de cette ségrégation fonctionnelle, difficile à franchir car rarement assumée ou explicitée par les organisations.

Les vents contraires, enfin, représentent l'ensemble des contraintes sociales et familiales qui pèsent sur les femmes, notamment la prépondérance de la sphère domestique et l'importance centrale accordée à la réussite familiale. Entre les attentes sociales, la répartition inégalitaire des tâches domestiques, les interruptions de carrière dues à la maternité ou à la mobilité du conjoint et la nécessité de préserver un équilibre fragile entre vie professionnelle et vie familiale, les femmes se trouvent souvent contraintes de modérer leurs ambitions. Les sacrifices consentis, tant professionnels que personnels, témoignent de l'intensité du tiraillement entre les deux sphères de la vie.

Ces trois catégories d'obstacles ne fonctionnent jamais isolément. Elles se combinent, s'alimentent mutuellement et produisent un effet cumulatif. Elles constituent, ensemble, l'architecture même du plafond de verre et expliquent la persistance des inégalités entre femmes et hommes au sein des organisations, malgré des niveaux de formation et des compétences comparables. Les pratiques discriminatoires, les normes sociales traditionnelles et les représentations genrées jouent un rôle déterminant dans ce maintien, mais les trajectoires individuelles montrent aussi que les femmes élaborent des stratégies d'adaptation, de contournement ou de résistance. L'intelligence émotionnelle, le leadership transformationnel, l'éthique professionnelle, la ténacité ou encore la capacité à développer des relations interpersonnelles positives apparaissent comme des ressources essentielles mobilisées par les femmes pour progresser dans des environnements organisationnels souvent peu accueillants.

En définitive, ce travail montre que l'amélioration de l'accès des femmes à l'éducation et leur présence croissante dans la vie professionnelle ne suffisent pas à lever les obstacles structurels et culturels qui freinent leur ascension vers les sommets hiérarchiques. Tant que la répartition des rôles familiaux demeurera inégalitaire, tant que les organisations continueront de valoriser la disponibilité totale comme norme d'excellence, et tant que les pratiques discriminatoires resteront ancrées, le plafond de verre, aussi invisible qu'il puisse paraître, continuera d'exercer son effet.

Les résultats de cette recherche invitent donc à repenser les politiques publiques, les pratiques organisationnelles et les normes sociales afin de créer les conditions d'une égalité réelle. Ils appellent également à reconnaître et valoriser les compétences spécifiques des femmes, ainsi qu'à soutenir les transformations structurelles nécessaires pour que leurs aspirations professionnelles puissent pleinement se réaliser. Car c'est à ce prix seulement que l'on pourra espérer rompre, durablement et en profondeur, les mécanismes silencieux mais persistants qui nourrissent encore les inégalités de genre au sein du marché du travail marocain.

Bibliographie

Abidin, Z. Z., Rashid, A. A., & Jusoff, K. (2009). The 'glass ceiling'phenomenon for Malaysian women accountants. *Asian Culture and History, 1*(1), 38.

Adler, N. J., & Izraeli, D. N. (1994). *Competitive frontiers : Women managers in a global economy*. Blackwell.

Ajbilou, A. (2003). Activité économique, vulnérabilité à la pauvreté et inégalités entre hommes et femmes. *Communication présentée lors de l'atelier intitulé « Femmes et hommes au Maroc : analyse de la situation et de l'évolution des écarts dans une perspective genre », Organisé par l'UNIFEM et la Direction de la Statistique, 18 - 19 Mars 2003 à Rabat.*

Akpinar-Sposito, C. (2013). The glass ceiling : Structural, cultural and organizational career barriers for French and Turkish women executives. @ *GRH*.

Alami-M'Chichi, H. (2002). *Genre et politique au Maroc : Les enjeux de l'égalité hommes-femmes entre islamisme et modernisme.*

Alimo-Metcalfe, B. (1993). Women in management : Organizational socialization and assessment practices that prevent career advancement. *International Journal of Selection and Assessment, 1*(2), 68-83.

Alimo-Metcalfe, B. (2007). Les sexes et le leadership : Un plafond de verre ou de béton armé? *Revue Télescope, 13*(4), 14-41.

Amadieu, J.-F. (2002). *Poids des apparences (Le) : Beauté, amour et gloire*. Odile Jacob.

Amadieu, J.-F. (2013). *DRH: le livre noir*. Seuil.

Aubert, N. (1982). *Le pouvoir usurpé? : Femmes et hommes dans l'entreprise*. R. Laffont.

Backouche, I., Godechot, O., & Naudier, D. (2009). Un plafond à caissons : Les femmes à l'EHESS. *Sociologie du travail, 51*(2), 253-274.

Baert, S., Pauw, A.-S. D., & Deschacht, N. (2016). Do Employer Preferences Contribute to Sticky Floors? *ILR Review, 69*(3), 714-736. https://doi.org/10.1177/0019793915625213

Bakass, F., Mellakh, K., & Ouchrahou, M. (2013). *Etude sur les stéréotypes de genre répandus au Maroc Rapport d'Analyse*. Progetto mondo Mlal ; Amnesty International Maroc.

Bartolomé, F., & Evans, P. A. L. (1979). Professional lives versus private lives-shifting patterns of managerial commmitment. *Organizational dynamics, 7*(4), 3-29.

Bass, B. M. (1985). *Leadership and performance beyond expectations*. Free Press; Collier Macmillan.

Bastid, F. (2009). Que signifie « réussir sa carrière » pour un cadre aujourd'hui ? Entre approche subjective et subjectivisme. *Humanisme et Entreprise, 291*(1), 1.

Baykal, E., & Surucu, S. (2025). A battle in the hive against the Queen Bee : Reaction of Female Subordinates' Unconcious Mind. *Frontiers in Sociology, 10*.

Bem, S. L. (1974). The measurement of psychological androgyny. *Journal of Consulting and Clinical Psychology, 42*(2), 155-162.

Bendl, R., & Schmidt, A. (2010). From 'Glass Ceilings' to 'Firewalls'— Different metaphors for describing discrimination. *Gender, Work & Organization, 17*(5), 612-634.

Bible, D., & Hill, K. L. (2007). Discrimination : Women in business. *Journal of Organizational Culture, Communication and Conflict, 11*(1), 65.

BIT. (1997). *La promotion des femmes aux postes de direction*. OIT, Programme des activités sectorielles.

Boni–Le Goff, I. (2010). « Au nom de la diversité» : Analyse écologique du développement des réseaux professionnels de femmes cadres en France. *Sociologies pratiques*, (2), 83-95.

Booth, A. L., Francesconi, M., & Frank, J. (2003). A sticky floors model of promotion, pay, and gender. *European Economic Review, 47*(2), 295-322.

Bormann, E. G., Pratt, J., & Putnam, L. (1978). Power, authority, and sex : Male response to female leadership. *Communications Monographs, 45*(2), 119-155.

Boudarbat, B. (2007). La situation des diplômés de la formation professionnelle sur le marché du travail au Maroc : Une analyse sexo-spécifique à l'aide des modèles de durée. *Canadian Journal of Development Studies, 28*(2), 293-314.

Bourdon, S., & Cleaver, A. F. (2000a). Le genre et le stéréotype du diplôme lors de l'insertion professionnelle. *Revue des sciences de l'éducation, 26*(3), 677-700.

Bourdon, S., & Cleaver, A. F. (2000b). Le genre et le stéréotype du diplôme lors de l'insertion professionnelle. *Revue des sciences de l'éducation, 26*(3), 677-700.

Brass, D. J. (1985). Men's and women's networks : A study of interaction patterns and influence in an organization. *Academy of Management journal, 28*(2), 327-343.

Brenner, O. C., & Greenhaus, J. H. (1979). Managerial status, sex, and selected personality characteristics. *Journal of Management, 5*(1), 107-113.

Brenner, O. C., Tomkiewicz, J., & Schein, V. E. (1989). The Relationship between Sex Role Stereotypes and Requisite Management Characteristics Revisited. *The Academy of Management Journal, 32*(3), 662-669.

Brière, S. (2006). *La progression des femmes dans des postes de direction dans l'administration publique en Tunisie et au Maroc*. ProQuest.

Broadbridge, A., & Hearn, J. (2008). Gender and management : New directions in research and continuing patterns in practice. *British Journal of Management, 19*(s1), S38-S49.

Brown, V., & Geis, F. L. (1984). Turning lead into gold : Evaluations of men and women leaders and the alchemy of social consensus. *Journal of Personality and Social Psychology, 46*(4), 811.

Browne, M., & Giampetro-Meyer, A. (2003). Many Paths to Justice : The Glass Ceiling, the Looking Glass, and Strategies for Getting to the Other Side. *Hofstra Labor & Employment Law Journal, 21*(1).

Bruchon-Schweitzer, M. (1990). *Une psychologie du corps*.

Burns, J. M. G. (1978). Leadership Harper & Row. *New York*.

Buscatto, M., & Marry, C. (2009). « Le plafond de verre dans tous ses éclats». La féminisation des professions supérieures au xx e siècle. *Sociologie du travail, 51*(2), 170-182.

Camussi, E., & Leccardi, C. (2005). Stereotypes of working women : The power of expectations. *Social Science Information, 44*(1), 113-140.

Cappellin, P. (2010). Plafond, parois de verre ou ciel de plomb? *Cahiers du genre*, (1), 31-57.

Chatard, A., Guimond, S., Lorenzi-Cioldi, F., & Désert, M. (2005). Domination masculine et identité de genre. *Les Cahiers internationaux de psychologie sociale*, (3), 113-123.

Cherni, A. (2013). Ce que porter le hijâb aujourd'hui veut dire : Usages et transactions symboliques. *Pensée plurielle*, (2), 257-274.

Cherret de La Boissière, A. (2009). *Leadership au masculin et au féminin*. Dunod.

Chicha, M.-T. (2013). *Inégalités de genre et pratiques d'entreprise au Maroc*. BIT.

Coderre, C., Andrew, C., & Denis, A. B. (1999). *Femmes de carrière, carrières de femmes : Étude des trajectoires familiales, scolaires et professionnelles des gestionnaires québécoises et ontariennes*. University of Ottawa Press.

Collins, D. (2000). The quest to improve the human condition : The first 1 500 articles published in Journal of Business Ethics. *Journal of Business ethics*, *26*(1), 1-73.

Connell, R. W. (1985). Theorising gender. *Sociology*, *19*(2), 260-272.

Cooper, V. W. (1997). Homophily or the Queen Bee Syndrome Female Evaluation of Female Leadership. *Small Group Research*, *28*(4), 483-499.

Cotter, D. A., Hermsen, J. M., Ovadia, S., & Vanneman, R. (2001). The glass ceiling effect. *Social forces*, *80*(2), 655-681.

Crompton, R. (2006). *Employment and the family : The reconfiguration of work and family life in contemporary societies*. Cambridge University Press.

Damahi-Haidoux, R. (2010). La longue marche des femmes marocaines : De Akhawât as-safo à la Caravane des droits. *Politorbis*, *1*(48), 49-56.

Danziger, N., & Eden, Y. (2007). Gender-related differences in the occupational aspirations and career-style preferences of accounting students : A cross-sectional comparison between academic school years. *Career Development International*, *12*(2), 129-149.

Davidson, M. J., & Burke, R. J. (2000). *Women in management : Current research issues* (Vol. 2). Sage.

De Beauvoir, S. (2014). *Le deuxième sexe (Tome 2) - L'expérience vécue* (Vol. 2). Éditions Gallimard.

Descamps, F. (2013). L'histoire des femmes cadres aux Finances entre 1939-1981 : Un plafond de plomb. *Revue française d'administration publique*, (1), 39-63.

Desrumaux, P. (2005). Informations normatives et stéréotypiques : Effets de l'internalité/externalité, du genre, de l'apparence physique et du type hiérarchique et sexuel du poste sur les décisions de recrutement. *Revue internationale de psychologie sociale, 18*(4), 165-199.

Dinolfo, S., Silva, C., & Carter, N. M. (2012). High Potentials in the Leadership Pipeline : Leaders Pay It Forward. *Catalyst, 7*.

Dion, K., Berscheid, E., & Walster, E. (1972). What is beautiful is good. *Journal of personality and social psychology, 24*(3), 285.

Dolan, S. L., Bejarano, A., & Tzafrir, S. (2011). Exploring the moderating effect of gender in the relationship between individuals' aspirations and career success among engineers in Peru. *The International Journal of Human Resource Management, 22*(15), 3146-3167.

Drogosz, L. M., & Levy, P. E. (1996). Another look at the effects of appearance, gender, and job type on performance-based decisions. *Psychology of Women Quarterly, 20*(3), 437-445.

Dubar, C. (1991). La socialisation. Construction des identités sociales et professionnelles. París : Armand Colin. *Sociologie*.

Eagly, A. H., & Carli, L. L. (2003). The female leadership advantage : An evaluation of the evidence. *The leadership quarterly, 14*(6), 807-834.

Eagly, A. H., & Carli, L. L. (2007a). Women and the labyrinth of leadership. *Harvard business review, 85*(9), 62.

Eagly, A. H., Johannesen-Schmidt, M. C., & Van Engen, M. L. (2003). Transformational, transactional, and laissez-faire leadership styles : A meta-analysis comparing women and men. *Psychological bulletin, 129*(4), 569.

Eagly, A. H., & Johnson, B. T. (1990). Gender and leadership style : A meta-analysis. *Psychological bulletin, 108*(2), 233.

El Ayyadi, M., Rachik, H., & Tozy, M. (2007). *L'Islam au quotidien : Enquête sur les valeurs et les pratiques religieuses au Maroc*. Editiond Prologues.

Farris, R., & Ragan, L. (1981). Importance of mentor-protégé relationships to the upward mobility of the female executive. *Mid-South Business Journal, 1*(4), 24-28.

Fassa, F., & Kradolfer, S. (2010). *Le plafond de fer de l'université : Femmes et carrières*. Seismo.

Ferree, M. M., Purkayastha, B., Baxter, J., & Wright, E. O. (2000). *Equality and cumulative disadvantage : Response to Baxter and Wright*. JSTOR.

Fortier, I., & Giasson, F. H. (2007). Femmes et gestion : Des enjeux du genre à la féminisation de la gestion. *Recherches féministes, 20*(1), 1.

Fourès, É. (2010). *Leadership au féminin*. Éd. Progressor.

Frimousse, S., & Peretti, J.-M. (2006). L'émergence d'une gestion des ressources humaines hybride au Maghreb. *Revue française de gestion*, (7), 149-158.

Frone, M. R., Russell, M., & Cooper, M. L. (1992). Antecedents and outcomes of work-family conflict : Testing a model of the work-family interface. *Journal of applied psychology, 77*(1), 65.

Fusulier, B. (2013). Travail/Famille : Un tandem possible? *Revue de l'Observatoire, 78*, 5-10.

Garner, H., Méda, D., & Senik, C. (2005). Conciliation entre vie professionnelle et vie familiale, les leçons des enquêtes auprès des ménages. *Travail et emploi, 102*, 57-67.

Garner-Moyer, H. (2008). *La beauté comme critère de sélection et de discrimination en phase de recrutement. Constat établi à partir d'un test de correspondances*. Actes du XIXème congrès annuel de l'AGRH.

Gattiker, U. E., & Larwood, L. (1988). Predictors for managers' career mobility, success, and satisfaction. *Human relations, 41*(8), 569-591.

Gersick, C. J., Dutton, J. E., & Bartunek, J. M. (2000). Learning from academia : The importance of relationships in professional life. *Academy of Management Journal, 43*(6), 1026-1044.

Gosset, S. (2004). *Les dynamiques identitaires des femmes ayant recours à l'Allocation Parentale d'Education*.

Gouvernance au fémini : Synthèse de l'étude sur la représentativité des femmes dans les instances de gouvernance des grandes entreprises publiques et privées. (2013). LMS-CSA Marketing & Sondages. http://www.lms-csa.com/uploads/brochures/69.pdf

Greenhaus, J. H., & Beutell, N. J. (1985). Sources of conflict between work and family roles. *Academy of management review, 10*(1), 76-88.

Grodent, F., Linckens, A., & Tremblay, D.-G. (2011). *La conciliation vie privée-vie professionnelle des gestionnaires d'une grande société de transport au Québec : Une analyse en termes de genre.*

Grodent, F., & Tremblay, D.-G. (2013). La conciliation vie privée-vie professionnelle des gestionnaires hommes et femmes : Le cas d'une société de transport québécoise. *@GRH, 6*(1), 117. https://doi.org/10.3917/grh.131.0117

Guillaume, C., & Pochic, S. (2007). La fabrication organisationnelle des dirigeants. *Travail, genre et sociétés,* (1), 79-103.

Guillaume, C., & Pochic, S. (2009). What would you sacrifice ? Access to top management and the work–life balance. *Gender, Work & Organization, 16*(1), 14-36.

Hall, D. T., & Chandler, D. E. (2005). Psychological success : When the career is a calling. *Journal of organizational behavior, 26*(2), 155-176. http://onlinelibrary.wiley.com/doi/10.1002/job.301/full

Hammarén, N., & Johansson, T. (2014). Homosociality : In Between Power and Intimacy. *SAGE Open, 4*(1).

Harlan, A., & Weiss, C. (1981). *Moving up : Women in managerial careers.* Wellesley College.

Heilman, M. E. (1979). High school students' occupational interest as a function of projected sex ratios in male-dominated occupations. *Journal of Applied Psychology, 64*(3), 275.

Heilman, M. E. (2001). Description and prescription : How gender stereotypes prevent women's ascent up the organizational ladder. *Journal of social issues, 57*(4), 657-674.

Heilman, M. E., Block, C. J., Martell, R. F., & Simon, M. C. (1989). Has anything changed? Current characterizations of men, women, and managers. *Journal of Applied Psychology, 74*(6), 935-942.

Heilman, M. E., & Herlihy, J. M. (1984). Affirmative action, negative reaction ? Some moderating conditions. *Organizational Behavior and Human Performance, 33*(2), 204-213.

Heilman, M. E., & Saruwatari, L. R. (1979). When beauty is beastly : The effects of appearance and sex on evaluations of job applicants for managerial and nonmanagerial jobs. *Organizational Behavior and Human Performance, 23*(3), 360-372.

Heilman, M. E., & Stopeck, M. H. (1985). Attractiveness and corporate success : Different causal attributions for males and females. *Journal of Applied Psychology, 70*(2), 379.

Heim, P., & Murphy, S. (2004). La femme est un loup pour la femme. *Editions Payot.*

Heslin, P. A. (2005). Conceptualizing and evaluating career success. *Journal of Organizational behavior, 26*(2), 113-136.

Hope Pelled, L., Ledford, G. E., & Mohrman, S. A. (1999). Demographic dissimilarity and workplace inclusion. *Journal of Management Studies, 36*(7), 1013-1031.

Hughes, E. C. (1945). Dilemmas and contradictions of status. *American journal of Sociology,* 353-359.

Ibarra, H. (1992). Homophily and differential returns : Sex differences in network structure and access in an advertising firm. *Administrative science quarterly,* 422-447.

Jackson, L. A., Hunter, J. E., & Hodge, C. N. (1995a). Physical attractiveness and intellectual competence : A meta-analytic review. *Social Psychology Quterly,* 108-122.

Jackson, L. A., Hunter, J. E., & Hodge, C. N. (1995b). Physical attractiveness and intellectual competence : A meta-analytic review. *Social Psychology Quterly,* 108-122.

Jawahar, I. M., & Mattsson, J. (2005). Sexism and beautyism effects in selection as a function of self-monitoring level of decision maker. *Journal of Applied Psychology, 90*(3), 563.

Kahn, L. S. (1984). Group process and sex differences. *Psychology of Women Quarterly, 8*(3), 261-281.

Kahn, R. L., Wolfe, D. M., Quinn, R., Snoek, J. D., & Rosenthal, R. A. (1964). Organization stress. *Studies in Role Conflict and Ambiguity, Wiley, New York.*

Kalick, S. M., Zebrowitz, L. A., Langlois, J. H., & Johnson, R. M. (1998). Does human facial attractiveness honestly advertise health? Longitudinal data on an evolutionary question. *Psychological science, 9*(1), 8-13.

Kanter, R. M. (1977). Some Effects of Proportions on Group Life : Skewed Sex Ratios and Responses to Token Women. *American Journal of Sociology, 82*(5), 965-990.

Kanter, R. M. (1993). *Men and Women of the Corporation*. Basic books.

Kolb, J. A. (1999). The effect of gender role, attitude toward leadership, and self-confidence on leader emergence : Implications for leadership development. *Human Resource Development Quarterly, 10*(4), 305.

Korabik, K., & Abbondanza, M. (2004). New theory supplants Queen Bee notion of women in management. *Report by Almina Ali, Office of Research, Ontario Ministry of Education & Training*.

Koshal, M., Gupta, A. K., & Koshal, R. (1998). Women in management : A Malaysian perspective. *Women in Management Review, 13*(1), 11-18.

Kukkonen, I., Pajunen, T., Sarpila, O., & Åberg, E. (2024). Is beauty-based inequality gendered ? A systematic review of gender differences in socioeconomic outcomes of physical attractiveness in labor markets. *European Societies, 26*(1), 117-148.

Landrieux-Kartochian, Sophie. (2003). *Au-delà du plafond de verre? : L'introduction de la dimension genre dans les politiques de gestion des ressources humaines*. Université Paris 1 Panthéon Sorbonne.

Landrieux-Kartochian, S. (2003). La gestion des ressources humaines à l'épreuve de la féminisation, quelles innovations. *Actes du 14 ème congrès de l'AGRH*.

Landy, D., & Sigall, H. (1974). Beauty is talent : Task evaluation as a function of the performer's physical attractiveness. *Journal of Personality and Social Psychology, 29*(3), 299.

Laufer, J. (2004). Femmes et carrières : La question du plafond de verre. *Revue française de gestion, 30*(151), 117-128.

Laufer, J. (2005). La construction du plafond de verre : Le cas des femmes cadres à potentiel. *Travail et emploi, 102*(3), 1-44.

Laufer, J. (2008). Les politiques des entreprises en matière de plafond de verre. *Santé, Société et Solidarité, 7*(1), 49-57.

Laws, J. L. (1975). The psychology of tokenism : An analysis. *Sex roles, 1*(1), 51-67.

Lipman-Blumen, J. (1976). Toward a homosocial theory of sex roles : An explanation of the sex segregation of social institutions. *Signs, 1*(3), 15-31.

Lipman-Blumen, J. (1992). Connective leadership : Female leadership styles in the 21st-century workplace. *Sociological perspectives, 35*(1), 183-203.

Lorenzi-Cioldi, F. (2002). *Les représentations des groupes dominants et dominés : Collections et agrégats*. Presses universitaires de Grenoble.

Lyness, K. S., & Thompson, D. E. (1997). Above the glass ceiling ? A comparison of matched samples of female and male executives. *Journal of applied psychology, 82*(3), 359.

Mae Kelly, R., & Dabul Marin, A. J. (1998). Position power and women's career advancement. *Women in management review, 13*(2), 53-66.

Mainiero, L. A., & Sullivan, S. E. (2005). Kaleidoscope careers : An alternate explanation for the "opt-out "revolution. *The Academy of Management Executive, 19*(1), 106-123.

Mandell, B., & Pherwani, S. (2003). Relationship between emotional intelligence and transformational leadership style : A gender comparison. *Journal of business and psychology, 17*(3), 387-404.

Marchand, I., Saint-Charles, J., & Corbeil, C. (2007). L'ascension professionnelle et le plafond de verre dans les entreprises privées au Québec 1. *Recherches féministes, 20*(1), 27-54.

Marlowe, C. M., Schneider, S. L., & Nelson, C. E. (1996). Gender and attractiveness biases in hiring decisions : Are more experienced managers less biased? *Journal of applied psychology, 81*(1), 11.

Marry, C. (2004). *Les femmes ingénieurs : Une révolution respectueuse*. Belin.

Mathison, D. L. (1986). Sex differences in the perception of assertiveness among female managers. *The Journal of Social Psychology, 126*(5), 599-606.

Maume, D. J. (2004). Is the glass ceiling a unique form of inequality ? Evidence from a random-effects model of managerial attainment. *Work and occupations, 31*(2), 250-274.

Mavin, S. (2001). Women's career in theory and practice : Time for change? *Women in Management Review, 16*(4), 183-192.

Mavin, S. (2008). Queen bees, wannabees and afraid to bees : No more 'best enemies' for women in management? *British Journal of Management, 19*(s1), S75-S84.

Mejjati-Alami, R. (2006). Femmes et marché du travail au Maroc. *L'Année du Maghreb,* (I), 287-301.

Meron, M., & Wierink, M. (2006). Les obstacles à l'egalite professionnelle entre les hommes et les femmes. *Regrad sur l'Actualité, 317,* 19.

Mueller, R., & Schein, V. E. (1992). Sex role stereotyping and requisite management characteristics : A cross cultural look. *Journal of Organizational Behavior, 13*(5), 439-447.

Mulford, M., Orbell, J., Shatto, C., & Stockard, J. (1998). Physical attractiveness, opportunity, and success in everyday exchange 1. *American journal of sociology, 103*(6), 1565-1592.

Naciri, R. (1994). L'investissement dans la vie privée. *In « Femmes diplômées : pratiques novatrices », FNUAP/IREP,* 182.

Naschberger, C., Quental, C., & Legrand, C. (2012a). Le parcours de carrière des femmes cadres : Pourquoi est-il si compliqué et comment le faciliter? *Gestion, 37*(3), 43-50.

Naschberger, C., Quental, C., & Legrand, C. (2012b). Le parcours de carrière des femmes cadres : Pourquoi est-il si compliqué et comment le faciliter ? *Gestion, 37*(3), 43.

Nath, D. (2000). Gently shattering the glass ceiling : Experiences of Indian women managers. *Women in management Review, 15*(1), 44-52.

Netemeyer, R. G., Boles, J. S., & McMurrian, R. (1996). Development and validation of work–family conflict and family–work conflict scales. *Journal of applied psychology, 81*(4), 400.

Organisation for Economic Co-operation and Development & Centre for Educational Research and Innovation. (2009). *Regards sur l'éducation 2009 les indicateurs de l'OCDE.* OCDE.

Paludi, M. A., & Strayer, L. A. (1985). What's in an author's name ? Differential evaluations of performance as a function of author's name. *Sex roles, 12*(3-4), 353-361.

Pigeyre, F., & Valette, A. (2004). Les carrières des femmes à l'université. *Revue française de gestion,* (4), 173-189.

Plane, J.-M. (2008). Séduction et management des hommes dans le contexte de l'hypermodernisme. *Le Journal des psychologues,* (6), 49-53.

Plante, I., Théorêt, M., & Favreau, O. E. (2010). Les stéréotypes de genre en mathématiques et en langues : Recension critique en regard de la réussite scolaire. *Revue des sciences de l'éducation, 36*(2), 389-419.

Pleck, J. H., Staines, G. L., & Lang, L. (1980). Conflicts between work and family life. *Monthly Lab. Rev., 103*, 29.

Pochic, S. (2005). Faire carrière : L'apport d'une approche en terme de genre. *Formation Emploi. Revue française de sciences sociales*, (91), 75-93.

Ponchut, M., & Barth, I. (2012). La place minorée des femmes dans les organisations. Exploration d'un facteur explicatif : La culture organisationnelle. Cas d'une entreprise de transport public. *@ GRH*, (3), 11-31.

Powell, G. N., Butterfield, A. D., & Parent, J. D. (2002). Gender and managerial stereotypes : Have the times changed? *Journal of management, 28*(2), 177-193.

Rachik, H. (2015). Espace public et croyances religieuses au Maroc. In *Dupret, B., Rhani, Z., Boutaleb, A. et Ferrié, J.N. (dir.), Le Maroc au présent : D'une époque à l'autre, une société en mutation* (p. 705-734). Centre Jacques-Berque.

Ragins, B. R. (1989). Barriers to mentoring : The female manager's dilemma. *Human relations, 42*(1), 1-22.

Ribas-Mateos, N., & Manry, V. (2014). Mobilités au Féminin : La place des femmes dans le nouvel état du monde. *Institut Maghreb Europe - KARTHALA*.

Rinfret, N., & Lortie-Lussier, M. (1996a). Le changement des attitudes a l'endroit des femmes cadres : Modeles differentiels en fonction du sexe. *Applied Psychology, 45*(4), 353-370.

Rinfret, N., & Lortie-Lussier, M. (1996b). Le changement des attitudes à l'endroit des femmes cadres : Modèles différentiels en fonction du sexe. *Applied Psychology, 45*(4), 353-370.

Rose, G. L. (1978). Sex effects on effort attributions in managerial performance evaluation. *Organizational Behavior and Human Performance, 21*(3), 367-378.

Rothstein, M. G., Burke, R. J., & Bristor, J. M. (2001). Structural characteristics and support benefits in the interpersonal networks of women and men in management. *The International Journal of Organizational Analysis, 9*(1), 4-25.

Safavian-Martinon, M. (1998). *Le lien entre le diplôme et la logique d'acteur relative à la carrière : Une explication du rôle du diplôme dans la carrière des jeunes cadres issus des grandes écoles de gestion.* Thèse pour le doctorat en sciences de gestion, université Paris I.

Sahraoui-Bentaleb, D. (2011). *Pratiques ressources humaines et plafond de verre au Maroc : Cas des femmes cadres au sein de grandes entreprises privées.*

Saint-Michel, S. (2010). Le genre et le leadership. *Revue internationale de psychosociologie, 16*(40), 181-201.

Sajoux, M., & Chahoua, S. (2012). Transition de la fécondité et développement au Maroc. Un lien complexe et spatialement différencié. *Les Cahiers d'EMAM. Études sur le Monde Arabe et la Méditerranée,* (21), 33-62.

Sanchez-Mazas, M., & Casini, A. (2005). Egalité formelle et obstacles informels á l'ascension professionnelle : Les femmes et l'effet 'plafond de verre'. *Social science information, 44*(1), 141-173.

Sanchez-Munoz, M. (2004). Tableau des cadres d'aujourd'hui : Ambitions et réussites des femmes-cadres. Etude comparative France-Allemagne. *Innovations, 20*(2), 83-92.

Scarfo' Ghellab, G. (2006). *Parcours professionnel et « plafond de verre » : Les femmes ingénieurs au Maroc. Colloque. Marché du travail et genre dans les pays du Maghreb : quel marché du travail? ». Rabat 15 et 16 mars.*

Schein, V. E. (1973). The relationship between sex role stereotypes and requisite management characteristics. *Journal of Applied Psychology, 57*(2), 95.

Schein, V. E. (1975). Relationships between sex role stereotypes and requisite management characteristics among female managers. *Journal of applied psychology, 60*(3), 340.

Schein, V. E. (1976). Think manager-think male. *Atlanta Economic Review, 26*(2), 21-24.

Schein, V. E. (2001). A global look at psychological barriers to women's progress in management. *Journal of Social issues, 57*(4), 675-688.

Schein, V. E. (2007). Women in management : Reflections and projections. *Women in management review, 22*(1), 6-18.

Schein, V. E., & Davidson, M. J. (1993). Think manager, think male. *Management Development Review, 6*(3), 24.

Schein, V. E., Mueller, R., Lituchy, T., & Liu, J. (1996). Think manager-think male : A global phenomenon? *Journal of organizational behavior, 17*(1), 33-41.

Schor, S. M. (1998). Femmes, hommes : Deux routes vers le sommet. *L'Expansion Management Review,* (88), 37-44.

Schweitzer, S. (2009). Du vent dans le ciel de plomb ? L'accès des femmes aux professions supérieures, xix e–xx e siècles. *Sociologie du travail, 51*(2), 183-198.

Shambaugh, R. (2007). *It's not a glass ceiling, it's a sticky floor : Free yourself from the hidden behaviors sabotaging your career success*. McGraw Hill Professional.

Shih, M., Pittinsky, T. L., & Ambady, N. (1999). Stereotype susceptibility : Identity salience and shifts in quantitative performance. *Psychological science, 10*(1), 80-83.

Singh, V., & Vinnicombe, S. (2004). Why so few women directors in top UK boardrooms ? Evidence and theoretical explanations. *Corporate Governance: An International Review, 12*(4), 479-488.

Singh, V., & Vinnicombe, S. (2003b). The 2002 female FTSE index and women directors. *Women in Management Review, 18*(7), 349-358.

South, S. J., Bonjean, C. M., Corder, J., & Markham, W. T. (1982). Sex and Power in the Federal Bureaucracy A Comparative Analysis of Male and Female Supervisors. *Work and Occupations, 9*(2), 233-254.

Staines, G., Tavris, C., & Jayaratne, T. E. (1974). The queen bee syndrome. *Psychology Today, 7*(8), 55-60.

Stevenage, S. V., & McKay, Y. (1999). Model applicants : The effect of facial appearance on recruitment decisions. *British Journal of Psychology, 90*(2), 221-234.

St-Onge, S., Renaud, S., Guérin, G., & Caussignac, É. (2002). Vérification d'un modèle structurel à l'égard du conflit travail-famille. *Relations industrielles/Industrial relations,* 491-516.

Tajfel, H. (1981). *Human groups and social categories : Studies in social psychology*. CUP Archive.

Tharenou, P. (1999). Gender differences in advancing to the top. *International Journal of Management Reviews, 1*(2), 111-132.

Tomlinson, F., Brockbank, A., & Traves, J. (1997). The 'feminization'of management ? Issues of 'sameness' and 'difference'in the roles and experiences of female and male retail managers. *Gender, Work & Organization*, 4(4), 218-229.

Tremblay, D.-G. (2003a). Articulation emploi-famille : Les usages du temps chez les pères et les mères. *Nouvelles pratiques sociales, 16*(1), 76-93.

Tremblay, D.-G. (2003b). La difficile articulation des temps sociaux : Concilier la vie familiale et la vie professionnelle. *Revue Interventions économiques. Papers in Political Economy,* (31).

Tremblay, D.-G. (2012a). *Conciliation emploi-famille et temps sociaux.*

Tremblay, D.-G. (2012b). *Conciliation emploi-famille et temps sociaux.*

Van Engen, M. L., Van Der Leeden, R., & Willemsen, T. M. (2001). Gender, context and leadership styles : A field study. *Journal of occupational and organizational psychology, 74*(5), 581-598.

Vanbeselaere, N., Boen, F., & Smeesters, D. (2003). Tokenism also works with groups as tokens : The impact of group openness and group qualification on reactions to membership in a low-status group. *Group Dynamics: Theory, Research, and Practice, 7*(2), 104.

Watt, H. M. (2008). A latent growth curve modeling approach using an accelerated longitudinal design : The ontogeny of boys' and girls' talent perceptions and intrinsic values through adolescence. *Educational research and evaluation, 14*(4), 287-304.

Yan, A., Zhu, G., & Hall, D. T. (2002). International assignments for career building : A model of agency relationships and psychological contracts. *Academy of Management Review, 27*(3), 373-391.

Zerari, H. (2006). Évolution des conditions de vie des femmes au Maroc. *ROYAUME DU MAROC, 50.*

Zerari, H. (2010). Droits des femmes au Maroc : Bilan et perspectives. *Société et culture | Développement et coopération,* 285-291.

TABLE DES MATIÈRES

Structures éditoriales du groupe L'Harmattan

L'Harmattan Italie
Via degli Artisti, 15
10124 Torino
harmattan.italia@gmail.com

L'Harmattan Hongrie
Kossuth l. u. 14-16.
1053 Budapest
harmattan@harmattan.hu

L'Harmattan Sénégal
10 VDN SICAP AMITIE 3
BP 45034 Dakar-Fann
direction@senharmattan.com

L'Harmattan Cameroun
Tsinga/Derrière polyclinique FECAFOOT
BP 11486 Yaoundé
Jacques.koukam@harmattan.fr

L'Harmattan Burkina Faso
Villa 281, secteur 23 623, rue 14.32
Ouagadougou
zagbie@outlook.fr

L'Harmattan Guinée
Almamya, rue KA 028 OKB Agency
BP 3470 Conakry
harmattanguinee@yahoo.fr

L'Harmattan RDC
185, avenue Nyangwe
Commune de Lingwala - Kinshasa
matangilamusadila@yahoo.fr

L'Harmattan Congo
219, avenue Nelson Mandela
BP 2874 Brazzaville
deunovmikhael@gmail.com

L'Harmattan Mali
Immeuble Mgr Jean Marie Cissé
Aci Hamadallaye
BP 145 Bamako
syllaka@yahoo.fr

L'Harmattan Togo
Djidjole – Maison Amela
face EPP BATOME
02 BP 20680 Lomé
didieramela11@gmail.com

L'Harmattan Côte d'Ivoire
Résidence Karl – Cité des Arts
Abidjan-Cocody
03 BP 1588 Abidjan
harmattan.ivoire@gmail.com

L'Harmattan Bénin
Rue 604, (Immeuble à l'entrée
de la rue UCAO- Cite de Saint-Jean)
Cotonou
stepcorpus@gmail.com

Nos librairies en France

Librairie internationale
16, rue des Écoles
75005 Paris
librairie.internationale@harmattan.fr
01 40 46 79 11
www.librairieharmattan.com

Librairie des savoirs
21, rue des Écoles
75005 Paris
librairie.sh@harmattan.fr
01 46 34 13 71
www.librairieharmattansh.com

www.ingramcontent.com/pod-product-compliance
Lightning Source LLC
LaVergne TN
LVHW010931061026
849535LV00007B/2336